LICHT & SCHATTEN um 2012

Rakuna

LICHT & SCHATTEN um 2012

Weissagungen und Wissen für die Zeit des Wandels

EDITION ESOTERICK

1. Auflage Dezember 2010

Verlag für esoterische Philosophie
E-Mail: edition@esoterick.de
Web: **www.esoterick.de**

Umschlaghintergrundfoto ©amygdela's atmosphere
Umschlaggestaltung und Layout: Lars Peter Kronlob
Druck und Vertrieb: Books on Demand GmbH, Norderstedt

Made in Germany

ISBN: 978-3-936830-44-6

Dieses Buch ist allen Menschen gewidmet,
denn wir alle sind es,
die mit der Kraft unserer Liebe, unserer Hingabe,
unserer Wahrhaftigkeit und unserer Freude
jetzt das Kommende bewußt gemeinsam gestalten,
zum Wohle des Ganzen.

Inhaltsverzeichnis

Vorwort: Es ist an der Zeit

Menschen aller Völker und Kulturen auf der Erde warnen die Menschheit seit vielen Jahrhunderten vor der Reinigung der Erde, die in den Jahren um 2012 – am Ende unseres Zeitalters der Trennung und Zerstörung – stattfinden soll.
Viele der Weissagungen wurden in den vergangenen Jahren durch ihre Offensichtlichkeit als auch durch wissenschaftliche Forschung bestätigt.
Das nun bevorstehende Ende unseres Zeitalters des Getrenntseins birgt jedoch nicht nur die Ungewißheit, wie sich die Erde reinigen wird und welche Auswirkungen die Veränderungen von Sonne und Erde für die Menschheit haben werden, sondern enthält auch das Versprechen einer neuen Welt, einer neuen Zeit, in der Leid und Zerstörung geheilt werden.
Die Teilhabe der Menschheit an der neuen Welt ist an die Bedingung geknüpft, uns selbst von Grund auf von jeglicher Zerstörung zu reinigen und zu heilen, um miteinander und mit allen Wesen wieder in Frieden und Einklang leben zu können.
Es ist also an der Zeit für uns Menschen, zusammenzukommen und gemeinsam die Wege des Heilwerdens zu gehen.
Nicht-wahr-haben-wollen, Abwarten und Zögern aus Angst vor der eigenen Hilflosigkeit verringert die Kraft unserer Einflußnahme.
Die wissenschaftlich-technischen Möglichkeiten, die von Menschen bisher entwickelt wurden, bieten allein keine Lösungen für die durch Herrschaft[1] verursachte zunehmende Hungersnot und Verwüstung, den steigenden Wassermangel, die Mitwelt-Zerstörung, Ausrottung vieler Arten von Lebewesen, Erder-

---

[1] „Herrschaft“ meint an dieser Stelle und im weiteren Verlauf des Buches die Unterdrückung und Ausbeutung der Mehrheit der Menschen (und der Tiere und Pflanzen und der Erde selbst) mit verschiedensten Formen von Gewalt in allen Bereichen des Lebens zugunsten weniger reicher Menschen, von denen über 95 % Männer sind.

wärmung, Klimaveränderung, Seuchen, Kriege sowie die noch immer steigende Gewalt in allen Bereichen menschlichen Lebens.

Das Beenden jeglicher Ausbeutung, Zerstörung und Gewalt ist die Grundvoraussetzung für unser Heilwerden als Menschheit.

Über mehrere hunderttausend Jahre entwickelte die Menschheit in ihren verschiedenen Völkern ausgehend von der Kraft der Mütterlichkeit die Weisheit ihres Gemeinschaftsbewußtseins, das alle Wesen gleichermaßen in ihrer Einzigartigkeit achtet und ehrt, wodurch ein friedliches Miteinander möglich ist.

Vor ungefähr 20.000 Jahren begann die Menschheit – aus diesem Gemeinschaftsbewußtsein heraus – das Einzelbewußtsein des Ichs zu entwickeln. Diese Herausforderung, das Ich-Bewußtsein in liebevollem Verbundensein mit der Gemeinschaft zu entwickeln, gelang in den Völkern jeweils nur so lange, wie die Kraft und die Weisheit der Mütterlichkeit als Quelle des Lebens geachtet und geehrt wurde.

Je mehr durch Herrschaft alles ursprünglich miteinander Verbundene (Frauen und Männer, Kinder und Alte, Starke und Schwache, Mensch und Natur, Mensch und All) getrennt wurde, um so mehr wurde auch das alle Wesen in Liebe miteinander verbindende Gemeinschaftsbewußtsein verdrängt.

Durch das trennende Ich-Bewußtsein wurden die anvertrauten Möglichkeiten der Macht nun nicht mehr für andere genutzt, sondern als Macht über andere. Haben wurde bedeutender als Sein, und Gewalt gegen andere Wesen wurde immer üblicher.

Nur in den die Mütterlichkeit ehrenden Gemeinschaften (derzeit noch 1-2% der Menschheit) wurde das Ich-Bewußtsein in liebevollem Verbundensein mit dem Gemeinschaftsbewußtsein entwickelt.

Die Menschen und Völker, die das „Ich“ im „Wir“ zur Reife zu bringen vermochten, bewahrten für die gesamte Menschheit den Zugang zu dem in uns allen vorhandenen, durch Herrschaft zwangs-verdrängten Gemeinschaftsbewußtsein.

Die bewußte, liebevolle Hingabe des einzelnen Ichs an das Wir der Gemeinschaft ist der Schlüssel für unser Heilwerden als Menschheit und für unsere verantwortungsvolle Einflußnahme auf die uns bevorstehenden Geschehnisse.

In den vergangenen Jahrhunderten versuchten Menschen auf verschiedenen Wegen, das entwickelte Ich-Bewußtsein mit dem Gemeinschaftsbewußtsein zu verbinden: Olympische Spiele, Kommunismus und Sozialismus, Demokratiebestrebungen, UNO, WHO, UNESCO, Studentenbewegung, Friedensbewegung, Frauenbewegung, Umweltschutzbewegung, Befreiungsbewegungen, Bewegung der Gewaltlosigkeit, Auroville, Hilfsbewegungen, Kirche von unten, New-Age–Bewegung, die deutsche Wiedervereinigung, bis hin zur Gründung der Europäischen Gemeinschaft – sie alle sind Schritte auf dem Weg zur gesehnten Heilung unserer Welt vom Getrenntsein, der Ausbeutung und Gewalt durch Herrschaft.
Die letztendliche Heilung findet statt, wenn sich Menschen in all ihrer Verschiedenheit in dem Bewußtsein vereinen, daß die spirituelle menschliche Kraft die Quelle aller Veränderungen und die Kraft der Mütterlichkeit die Quelle allen Lebens und des Heilseins ist.
Dies bedeutet die Aufhebung jeglicher Trennung zwischen Völkern, Kulturen, Glaubensrichtungen und Weltanschauungen, Frauen und Männern – die letztlich alle nur verschiedene, jeweils einzigartige Ausdrucke der einen mütterlichen Kraft sind, die alles belebt, gebiert und nährt.
Die Zeit der Trennung und Zerstörung durch Herrschaft geht nun unweigerlich zu Ende, und die Zeit der Gerechtigkeit, Wahrheit und Liebe hat bereits in den Herzen der Menschen begonnen.
Gemeinsam kann jegliche Herrschaft gewandelt werden. Dies ist unsere Verantwortung als Menschheit in dieser Zeit.
Doch die von uns gesehnte Veränderung findet nur statt, wenn

wir Bequemlichkeit, Kleinmut, Selbstzweifel und Ohnmachtsgefühle hinter uns lassen und unsere eigene Beteiligung an der Zerstörung einstellen.
Wir alle sind verantwortlich für unser Tun: für alles, was wir denken, träumen und gestalten – und auch für alles, was wir unterlassen.
Alles Sein ist untrennbar verbunden mit dem sich unaufhörlich entwickelnden All. Die Erde ist unsere Mutter und Heimat einer wundervollen Gemeinschaft einzigartiger Lebewesen, die sie beständig gebiert, nährt und wandelt.
Unser Vermächtnis als Menschen ist es, die Heiligkeit allen Lebens zu achten, zu ehren und zu bewahren sowie die Gaben der Erde gerecht miteinander zu teilen, sie sorgsam zu nutzen zum Wohle allen Seins.
Somit sind wir, die wir auf Kosten der Armen der Welt leben, dafür verantwortlich, gemeinsam so rasch wie möglich die notwendigen Änderungen zu bewirken, damit alle Menschen endlich wieder in Freiheit und Würde leben können. Dies verlangt von uns, *jetzt* innezuhalten, uns auf unsere Menschlichkeit zu besinnen und sie wahrhaftig zu leben – mit *all* unserer Kraft in *jedem* Augenblick.
Menschliche Entwicklung bedeutet, nach Befriedigung unserer Grundbedürfnisse seelisch und geistig mehr zu werden und mehr zu sein – nicht mehr zu besitzen und mehr zu haben. Wenn wir nicht mehr von der Erde nehmen als wir ihr geben, dann reichen ihre Gaben für alle Nachkommen.
Um das Gleichgewicht des Lebens zu bewahren, müssen wir das heilige Sich-Hin-Schenken aller Wesen wieder ehren und ihre Gaben von Herzen miteinander teilen.
Der sogenannte Fortschritt wird erst dann sinnvoll, wenn wir ihn zum Wohle des Ganzen gemeinsam nutzen. Miteinander leben, miteinander teilen und füreinander sorgen kennzeichnet das Wesen jeder wirklich lebendigen Gemeinschaft.
Wenn wir uns zum Wohle aller miteinander verbinden, dann

reicht unsere sich vervielfältigende Kraft für alle notwendigen Veränderungen auf Mutter Erde.
Die Gaben der Erde gehören allen Lebewesen gleichermaßen. Jegliche selbstsüchtige Nutzung verletzt das Netz des Lebens. Was nicht zum Wohle des Ganzen verwendet wird, beraubt andere Menschen und Lebewesen ihrer rechtmäßigen Lebenskraft.
Wir sind *alle* verantwortlich, die Heiligkeit allen Lebens verläßlich zu schützen. Gequält und mißhandelt braucht *jeder* Mensch *sofort* Beistand und Schutz, hungernd oder durstig *sofort* Trinkwasser und Nahrung, krank oder verletzt *sofort* Hilfe und Heilung, frierend und obdachlos *sofort* Wärme und ein Zuhause.
Wenn wir alle dies für unser Leben brauchen, dann ist es natürlich nur gerecht, dies auch für andere zu gewährleisten.
Das Geschenk des Lebens will geehrt und in Freude und Dankbarkeit miteinander geteilt sein. Die Heiligkeit allen Lebens muß wieder *verläßlich* vor Gewalt geschützt werden.
Wenn unsere Gedanken, Worte und Taten in Liebe, Wahrheit und Gerechtigkeit wurzeln, vermögen wir gemeinsam jegliche Zerstörung zu wandeln.

Von der zerteilten Welt unserer täglichen Leben sammeln wir uns auf der Suche nach Ganzheit. Durch unsere verschiedenen Tätigkeiten und unterschiedlichen Ziele scheinen wir voneinander getrennt und in uns selbst zerteilt.
Doch wir wissen, daß nichts getrennt ist vom Netz des Lebens, das uns alle verbindet und nährt.

Das Wieder-in-Kraft-Setzen der neun Lebensrechte bereitet uns den Weg, um miteinander in Liebe, Wahrheit, Freiheit und Hingabe zu leben.

Die ersten drei der neun Lebensrechte bereiten den Grund des Lebens:

1. Schutz der Heiligkeit des Lebens
2. allmütterliche Liebe und Fürsorge
3. Gemeinschaft

Die mittleren drei Lebensrechte bestimmen das Leben in der Gemeinschaft:

4. Mitgestalten der Gemeinschaft
5. Freiheit in den heiligen Regeln der Schöpfung
6. Einweihung und Ausbildung in heiligen Kreisen

Die letzten drei Lebensrechte beschreiben das Verbundensein aller Wesen:

7. Mitverantworten der Zukunft (Zeit)
8. Verbundensein im Lebensnetz (Raum)
9. All-Eins-Sein (heilige Kraft)

Es besteht höchste Dringlichkeit, auch wenn alles in seiner eigenen Zeit geschieht.
Wir bitten alle Menschen in dieser zerteilten Welt, wieder als Geschwister mit Frieden und Liebe im Herzen zusammenzukommen. Laßt uns *jetzt* gemeinsam alle Wunden heilen.
Wir werden uns wieder auf die wahren Werte menschlichen Lebens besinnen und verstehen, daß liebevolles gemeinsames Leben wertvoller ist als zerstörender Wohlstand. Wir werden einsehen, daß Verschwendung bedeutet, daß die Kostbarkeiten der Erde verschwinden. Wir haben nichts zu verlieren außer Unrecht und Angst, Gewalt und Zerstörung. Und gemeinsam können wir das wirkliche Leben wieder gewinnen, in echter Gemeinschaft, die alles Leben achtet und schützt.

Laßt uns dies miteinander und füreinander tun. JETZT.
Diese Veränderungen erfordern Mut, um durchzuhalten, und prüfen uns in allem, was wir je gewußt haben.
Sie verlangen, daß wir unsere heilige Wahrheit in *jedem* Augenblick leben – mit all unserer Kraft.
Alle Menschen sehnen sich nach Wahrheit, Liebe und Verbundensein in lebendiger Gemeinschaft.

Wenn wir wieder zusammenkommen, sind wir ganz.
Wenn wir wagen, die alles bedrohende Zerstörung wahrzunehmen, werden wir gemeinsam die Wege des Heilens finden – da die Wunder in der Wunde wurzeln.
Wenn wir uns der Kraft der Veränderung anvertrauen,
werden auch wir uns wandeln, heilen und wieder gedeihen.
Liebe ist Heilen, Heilen ist Liebe.

Alles im All ist fließende Kraft. Sich dem Fließen anzuvertrauen, bedeutet zu leben. Immer, wenn Leben bedroht oder verletzt wird, ist es unsere heilige Pflicht, schützend einzugreifen. Frauen behüten und nähren die Kinder, die Menschheit und das Leben selbst. Männer sind aufgerufen, mit der ihnen von ihren Müttern geschenkten Lebenskraft die Frauen, die Kinder, die Gemeinschaft und das Leben selbst wieder verläßlich zu schützen.

Wir, die Frauen und Männer der Welt, die Töchter und Söhne der Erde, sind bereit, das Leben verläßlich zu schützen und setzen uns ein für die Beendigung jeglicher Gewalt auf der Erde.

Heilungsschritte sind:

1. Das Beenden jeglicher Kampfhandlungen in allen Bereichen des Lebens: Friedlichkeit in allen Beziehungen, gegenseitige Achtung und schöpferisches Nutzen der

Vielfalt im alltäglichen Miteinander, gerechtes und sinnvolles miteinander Teilen, lebensnahe gemeinschaftliche Entscheidungsfindung, Umstrukturierung und Nutzung des Militärs für Rettungs- und Hilfsdienste, Einstellung jeglicher Weltraum-Vermüllung

Dies verwirklicht das 1. Lebensrecht:
Schutz der Heiligkeit des Lebens.

2. Die Gewährung von Freiheit, Nahrung, Heimat und Heil-Sein für alle Menschen und alle Wesen. Dazu bedarf es der gemeinschaftlichen, gerechten und sinnvollen Verteilung und Nutzung aller Gaben der Erde sowie der Einstellung jeglicher Verschwendung und des Verzichtes auf zerstörenden Luxus.

Dies ist das Wieder-in-Kraft-Setzen des 2. Lebensrechtes auf allmütterliche Liebe und Fürsorge sowie des 5. Lebensrechtes auf Freiheit.

3. Das gemeinsame Gestalten lebendiger Gemeinschaften zum Wohle des Ganzen durch gegenseitige Achtung als Grundlage des Verbundenseins und für fruchtbaren Austausch und gerechte Nutzung der Gaben der Erdmutter sowie die gemeinsame Pflege und Bewahrung der Erde.

Dies verwirklicht das 3. Lebensrecht auf Gemeinschaft, das 4. Lebensrecht des Mitgestaltens der Gemeinschaft, das 6. Lebensrecht auf Einweihung und Ausbildung, das 7. Lebensrecht des Mitverantwortens der Zukunft, das 8. Lebensrecht auf Verbundensein im Lebensnetz und das 9. Lebensrecht des All-Eins-Seins.

Die schon stattfindenden und angekündigten Veränderungen auf der Erde, der Sonne und im All verlangen dringlichst unser gemeinsames Handeln auf allen Ebenen der Kraft.
Also laßt uns zusammenkommen in Wahrheit, Liebe und Hingabe. Das Ganze braucht zum Heilen die Kräfte des Ganzen, die in den heilenden Kreisen der Hingabe gemeinsam verbunden werden. Der Weg dahin ist das Wahrnehmen der Wunden und der Wunder.

Wenn dich etwas berührt, dann wage dich zu rühren,
wenn dich etwas anspricht, dann wage zu sprechen,
wenn du damit etwas anfangen kannst, wage anzufangen,
wenn du etwas Verbindendes fühlst, wage dich zu verbinden.

Wenn wir die uns eingeborenen einzigartigen Kräfte im Kreis der Hingabe verbinden, dann finden wir die Wege der Heilung für alle Wunden. Wenn wir miteinander bewußt in Liebe leben, dann vervielfältigt sich unsere Kraft und wir können das Leben gemeinsam zum Wohle des Ganzen gestalten.

Wie schwer es ist, absichtslos zu sein im Innersten,
und wie beunruhigend,
sich dem immerwährenden Fließen zu öffnen
und nichts zurückzuhalten.
Es bleibt die Gewißheit, daß sich alles ändert,
und deine Ahnungen berühren das Heiligste.

1. Auskünfte zum Weltenende
1.1. Weissagungen

Wir leben im letzten der vier kosmischen Zeitalter, das vom 11. August 3114 v. Chr. bis zum 21. Dezember 2012 geht. Die neun Höllen endeten am 16./17.08.1987, und die Zeit der Warnung begann, die bis zum 21.12.2012 geht. Der letzte Abschnitt unseres Zeitalters begann am 11.07.1991 mit einer Sonnenfinsternis. Die neue Welt der Bewußtheit wird zwischen dem 05./06.06 2012 in der Zeit des Venus-Transites geboren. Am 22.12.2012 beginnen die 13 Himmel.
(Maya)

Am 01. August 1993 endet „Pachacuti“[2]*, wodurch die Welt auf eine 19jährige Zeit besonderer Wandlungsmöglichkeiten vorbereitet wurde, die „Taripay Pacha“*[3] *genannt wird – „das Zeitalter, in dem wir uns selbst wieder begegnen“.*
(Inka)

Die Reinigung der Erde hat 1998 begonnen, die 4. Welt endet am 22.12.2012, und am 23.12.2012 beginnt die 5.Welt.
(Anasazi-Nachfahren: Hopi, Navajo, Zuni, Hano, Acoma, Laguna ...)

Entsprechend dem Zusammenkommen im Einklang endet die Erdreinigung 2012.
(Seneca)

Es ist Zeit für die große Reinigung. Wir sind an einem Punkt ohne Umkehr. Die Zweibeinigen gehen um und bringen dem Leben auf der Erde Zerstörung.
(Sioux)

---

[2] Pacha = Erde / cuti = richtigstellen
[3] Taripay = die Zeit der richtenden Erde

Die vierte Welt wird mit einer großen Reinigung enden für den Eintritt in die fünfte Welt.
(Hopi)

Die jetzige Welt, die Sonne des Reihers wird am 18.12.2012 in einem Erbeben enden.
(Keetoowah / Cherokee)

Mit dem 03.10.2005 beginnen die sieben Jahre Leid, die am 03.10.2012 in der Mitte des Laubhüttenfestes (Sukkot / Erntefest) enden.
1948-2012 Endzeit (64 Jahre)
2005-2012 sieben Jahre Reinigung (sieben Siegel)
2010-2012 schwarzes Pferd der Apokalypse[4] (Hungersnot)
2013-2016 weißes Pferd der Apokalypse (Tod)
(Christen)

1. Trompete: Sharnot – 27.05.2012
2. letzte Trompete: Rosh Hashana (Geburt der Welt) – 17./18. 09.2012 – die Himmelstore werden geöffnet und die Gerechten treten in Entzücken ein
3. Große Trompete: Yom Kippur (Tag der Versöhnung) – 26.09.2012 – die Himmelstore schließen sich
(Juden)

1967 war der Beginn der entsetzlichen Verwüstung, die über 45 Jahre bis 2012 dauert – das Jahr 1500 des islamischen Kalenders.
(Sufi)

Die Gesamtheit der Umwälzung wird ungefähr drei Jahre betragen.
(Arthur Conan Doyle)

---

[4] griech.: Enthüllung, Offenbarung

Es wird eine Kraft geben, die die Atmosphäre beeinflußt, in deren Folge der Druck auf unsere Gehirne um 35 Prozent zunehmen wird. Menschen, die nicht spirituell leben, werden sich nicht an diese Veränderung anpassen können und verrückt werden. Sie werden sich gegenseitig umbringen und alles um sie herum zerstören.
(Yellowknife)

1.2. Aus dem Kalenderwissen der Völker
Maya

Die „Lange Zählung" der Maya mißt die spirituelle Entwicklung der Menschheit in Langzeiträumen. Am 21.12.2012 endet ein Zeitkreislauf von 26.000 Jahren mit dem letzten der insgesamt fünf Abschnitte von je 5.200 Jahren (5 x 5.200 = 26.000 Jahre).
Die Maya-Schöpfungsgeschichte im Popol Vuh[5] begann mit dem Tag 0.0.0.0.0 (3113 vor christlich-astronomischer Zeitrechnung bzw. 11. oder 13.08.3114 christlich-historischer Zeitrechnung) und endet am 21.12.2012 mit der Zerstörung aller, die nicht „erleuchtet" sind und öffnet die Möglichkeit des Aufstieges in die 4. oder 5. Dimension[6] der Kraft.
Am 05.04.1993 (12.19.0.0.0) begann das letzte Katun (19,72 Sonnenjahre), das die Zeit der Reinigung für Erde ist und die Möglichkeit der Entwicklung für die Menschheit beinhaltet. Dieser gegenwärtige 5.200-Jahres-Zeitraum ist bei den Maya auch als 4-Ahau-Zyklus bekannt. „Ahau" bedeutet Sonne und gilt als das glückbringendste der zwanzig heiligen Zeichen des Tzolkin[7].

---

[5] K'itschê' (Quiché): „Das Buch des Rates"
[6] von lat.: „dimensio", Ausdehnung
[7] Heiliger Kalender der Maya: „Zählen der Tage", „Abfolge der Tage"

Azteken

Der aztekische Kalender ähnelt dem älterem Maya-Kalender. Nach dem Sonnenstein der Azteken dauert eine „Sonne“ ebenfalls 5.200 Jahre, und fünf Sonnen (26.000 Jahre) beschreiben das Vorrücken des Frühlingspunktes.
Der Teotitlan-Kalender endete am 01.05.1987, woran sich eine 25-26 Jahre dauernde Zeit der Reinigung der Erde und ihrer Geschöpfe anschließt.
Der Tikal-Kalender endet am 02.04.2012. Wir befinden uns jetzt in der aztekischen „Sonne der Bewegung“.

Keetoowah / Cherokee

Die Keetoowah / Cherokee verwendeten eine Mischung aus Maya- und Aztekenkalender mit einem 260-Tage-Rad mit 20 Tageszeichen. Eine Welt entspricht einer Sonne und dauert 5.200 Jahre. Derzeit leben wir in der Sonne des Reihers. Am 21.12.2012 beginnt das Zeichen des Wolfes.

Hopi

Drei Welten haben die Hopi-Indianer bis heute durchwandert. In der ersten schuf die Sonne (Taiowa) die Menschen – diese Welt wurde durch Feuer zerstört. Die zweite Welt wurde durch Eis vernichtet. Der Name der dritten Welt war Kasskara, „Mutterland“ (auch „Land der Sonne“), das legendäre Land „Mu“.
Heute leben die Hopi in der vierten Welt, deren Ende bald kommen wird.

Vedische Zeitkreisläufe[8]

Nach je einem als golden, silbern und kupfern bezeichneten Zeitalter der hinduistischen Kosmologie befinden wir uns heute im so genannten „eisernen Zeitalter".
Die vier vedischen Zeitalter[9] bestehen jeweils aus drei gleichen Teilen: Morgendämmerung, Tag und Abenddämmerung.
Das erste Zeitalter wurde das Wahre Zeitalter[10] oder das Goldene Zeitalter genannt, das 3x 144.000 Jahre andauerte.
Das zweite Zeitalter wurde das Silberne Zeitalter[11] genannt und dauerte 3x 108.000 Jahre.
Das dritte Zeitalter wurde das Kupferne Zeitalter[12] genannt und dauerte 3x 72.000 Jahre.
Unser heutiges, das vierte und letzte Zeitalter[13] dauert 3x 36.000 Jahre. Es gilt als das Zeitalter des Verfalls und des Verderbens, in dem sowohl die äußere Welt, als auch die geistige Verfassung der Wesen sehr stark von Haß, Gier und Verwirrung betroffen sind. Dieses „schwarze Zeitalter des Streites" ist daher in stärkerem Maße von Krieg und weit verbreitetem Leid betroffen als es die vorausgegangenen Zeitalter waren. Es wird deshalb auch als das „Zeitalter des Niedergangs" bezeichnet, in dem nur noch wenige Wesen Meditation[14] zur geistigen Entwicklung ausüben und sehr kraftvoller Wege bedürfen, um den Geist zur vollen Bewußtheit zu führen.

---

[8] sanskrit: „veda", Wissen
[9] sanskrit: „yuga"
[10] sanskrit: „satya yuga"
[11] sanskrit: „treta yuga"
[12] sanskrit: „dvapara yuga"
[13] sanskrit: „kali yuga"
[14] „Ruhig in der Mitte sein", von lat: „medium", Mitte und „tacere", schweigen

Zeitrechnung der Tamilen

Die Tamilen sind ein dravidisches Volk in Südindien. Ihr 60-Jahre-Kreislauf-Kalender beruht auf einem alten Hindu-Sonnenkalender und auf dem siderischen Mondjahr. Jedes Jahr trägt einen Namen: 2012 ist das Jahr des Entzückens.
Die Mondknoten (Kreuzung von Sonnen- und Mondumlaufbahn) rücken alle 18,61 Jahre vor und werden in der indischen und islamischen Astrologie als Kopf und Schwanz des Drachens bezeichnet.

Chinesischer Kalender

Der chinesische Kalender ist ein astronomischer Lunisolar-Kalender, das heißt, ein Kalender, der sich sowohl auf den Sonnenweg (Jahr), als auch auf den Mondweg (Monat) bezieht und nicht durch Zahlen-Regeln, sondern durch Himmelsgeschehnisse bestimmt wird. Die Tage beginnen um Mitternacht und der Neumond fällt immer auf den ersten Tag eines Monats.
Der chinesische Kalender setzt sich aus 60-Jahreskreisläufen zusammen, die wiederum aus jeweils fünf 12-Jahresabschnitten bestehen. Jedes Jahr ist nach einem der zwölf Tiere (Ratte, Rind, Tiger, Hase, Drache, Schlange, Pferd, Schaf, Affe, Hahn, Hund Schwein) und nach einer der fünf Wandlungen / Urstoffe (Feuer, Wasser, Erde, Holz, Metall) benannt.
Der 60er-Kreislauf der Jahre, Monate und Tage setzt sich zusammen aus einem Kreislauf der zehn Himmelsstämme und der zwölf Erdzweige (besser bekannt als die zwölf Tierzeichen). Die zehn Himmelsstämme sind eine Verbindung aus den fünf Wandlungen sowie Yin (Dunkelheit) und Yang (Licht).
Die zwölf Tierzeichen / Erdzweige werden auch zur Einteilung des Tages in zwölf (Doppel)Stunden genutzt. Die chinesischen Tierkreiszeichen werden vom Mond beeinflußt und ihr Kreis-

lauf dauert zwölf Jahre.
2010 ist das Jahr des Metall-Tigers, 2011 das Jahr des Metall-Hasen. Am 23.12.2012 beginnt das Jahr des Wasser-Drachen.
Bereits in frühen Orakelknochen und Inschriften auf Schildkrötenpanzern (Rückenschild: 13 Schilde: fünf mittlere und zweimal vier seitliche, umgeben von vierundzwanzig Rand-Schilden und einem Halsschild – das Bauchschild besteht aus 12 Schilden in 6 Paaren – insgesamt 50 Schilde) finden sich Hinweise auf die Berechnung des Kalenders.
Der reine Mondkalender teilt das Jahr in 12 Monde ein, also die Zeit, die der Mond für einen Umlauf um die Erde benötigt, und zwar von Vollmond zu Vollmond. Ein Umlauf benötigt ca. 29,53 Tage – ein Mondjahr dauert ungefähr 354 Tage.

I Ging[15]

Das I Ging ist ursprünglich ein Mondkalender gewesen, aus dem dann die verschiedenen Orakel[16] abgeleitet worden sind. Die Wurzeln des I Ging liegen in den alten Schildkröten-Orakeln, bei denen die 50 Schilde des Schildkrötenpanzers mit Orakelzeichen bemalt wurden. Der Schildkrötenpanzer wurde dann im Feuer erhitzt und die entstehenden Rißmuster gedeutet. Funde solcher Orakelknochen zählen zu den ältesten Belegen altchinesischer Schriftzeichen.
Im späteren Schafgarben-Orakel entstand das Hexagramm (Sechserzeichen) unter Anwendung verdichteter Zahlenkunde mit Hilfe 50 getrockneter Schafgarbenstengel.
Die 64 Hexagramme bestehen jeweils aus einem Paar von je drei Strichen und Doppelstrichen, wobei das zweite Dreier-Paar jeweils die Umkehrung oder der Spiegel des ersten ist. Die aus 4x4x4 entstehende 64 spiegelt den heiligen Erbgut-

---

[15] chin.: „yi jing“, „beständige Wandlung“, „sich wandelnde Beständigkeit“
[16] lat.: „oraculum“, Weissagung, Prophezeiung, Schicksalsspruch

schlüssel der DNS wider. Jeweils drei der vier Basen verschlüsseln gemeinsam eine der insgesamt 64 möglichen Aminosäuren.

Weitere mathematische Auffälligkeiten:

- 64 x 6 = 384 Linien = Tage = 13 Mondmonate mit je 29,5385 Tagen = ein Mondjahr
- 384 x 64 = 67,29 Sonnenjahre = 6 kleine Sonnenfleckzyklen
- 67,29 x 64 = 4.306 Sonnenjahre = 2 Tierkreis-Alter
- 4.306 x 6 = 25.836 Sonnenjahre = 1 vollständiges Vorrücken des Frühlingspunktes („Prozession“)

Zusammenfassung

Es ist augenfällig, daß viele der alten Kalender in oder um 2012 enden oder einen großen Zeitabschnitt abschließen. Die Jahre um 2012 werden grundsätzlich mit tiefgreifenden Veränderungen beschrieben; Naturgewalten verändern das irdische Leben und ein spiritueller Entwicklungssprung der Menschheit wird möglich.

1.3. Veränderungen des Alls, der Milchschlange (Milchstraße), der Sonne und der Erde – wissenschaftliche Auskünfte

1.3.1. Veränderungen im All

Unsere Sonne wandert – einschließlich der sie umkreisenden Planeten[17] – einmal in 230-250 Millionen Jahren um die Mitte der Milchschlange (Milchstraße), das sogenannte „galaktische Zentrum“. Diese Bewegung ist Ursache beständiger Veränderungen aller ihr zugehörigen Wesen, auch der Sonne und damit

[17] von griech.: „plánētes“, die Umherschweifenden

der Erde durch ihre vielfältigen Einflüsse, wie z.B. Magnetfeldwirkung, Strahlung, Riesenwellen, etc. Die Milchstraße selbst wiederum wird ebenso beständig vom All beeinflußt.

Zeichen der Himmel
Weissagungen

Die Sonnenfinsternis des 11. Augustes 1999 kündigte eine Zeit zunehmender und gewaltiger Naturkatastrophen, schwere kriegerische Auseinandersetzungen bis zum Ende dieses Zeitalters an sowie eine beständige Zunahme der Sonnentätigkeit aufgrund sich weiter verstärkender Einflüsse aus dem galaktischen Zentrum. Die Sonnentätigkeit hat auf die Fruchtbarkeit und den Wirkstoffhaushalt der Menschen einen großen Einfluß.
(Maya)

2009/2010 kommt ein Komet auf Erde, der Dunkelheit und Schrecken auslöst.
(Thora – Bibelcode)

Das Ende der Welt wird kommen, wenn ein Komet namens Gochihr die Erde treffen. Sein Feuer und sein Hof werden alle Metalle und Minerale schmelzen und die Welt in einer riesigen Feuersbrunst verbrennen. Die dabei entstehenden kochenden Metalle werden wie Flüsse über die Erde fließen.
(Zarathustra)

2010 wird der Marsmond Phobos von einer amerikanischer Missile getroffen und zerbricht erst in sieben, dann in zehn Stücke: drei treffen 2010 die USA, drei 2011 Rußland, drei 2012 China und eins 2012 den arabischen Golf, wodurch insgesamt eine Erdachsenverschiebung von 25° bewirkt wird.
(Thora – Bibelcode)

Die große Reinigung erfolgt 2011 und ist gekennzeichnet durch das Auftauchen eines großen Sternes: der blaue Stern, Gefährte des Hundssternes (Sirius), der tagsüber als zweite Sonne am Himmel stehen wird, 100mal heller strahlend als der Morgenstern Venus und abends wie ein zweiter Mond sein wird. Wenn das Ende nah ist, werden wir einen Ring aus Nebel um die Himmelskörper sehen.
(Hopi)

Wenn ein bestimmter Stern wieder auftaucht, wird das „Raumschiff" der Gäste kommen und es erfolgt eine Wiederkehr von Nommo[18] *– der Ahnengeister.*
(Dogon)

Am 21.12.2012 werden zwei Asteroiden oder Meteoritenschauer erwartet oder ein Komet als blauer Stern aus dem Galaktischem Zentrum.
(Tamilen)

2012 kommt ein großer Wanderstern namens Tzoltek Ek (in Sumer Nibiru genannt) und regt mit seinem 7. Mond alle Pyramiden sowie das genetische, das ursprüngliche Wissen und die Schlangenkraft (Kundalini) an.
(Maya)

Im Jahr des Roten Bullen (Kuh = 2012) kehrt der große Stern Mu-sho-sho-no-no, der die Lava unserer Sonne sei, wieder.
(Zulu)

Am 20.12.2012 betritt die Erde die Mitte einer magnetischen Achse und wird möglicherweise für ungefähr drei Tage von einer großen Wolke verdunkelt.
(Maya)

---

[18] dogon.:„die, die uns trinken machen"

Wolken und Nebel werden den ganzen Himmel verdunkeln.
(Zarathustra)

Während der dreitägigen Dunkelheit werden alle Menschen, die dem Übel dienen, umkommen, so daß nur ein Viertel der Menschheit überleben wird.
(Schwester Maria vom Kreuz Jesu)

2013 wird ein großer magnetischer Wanderstern nahe der Erde vorbeiziehen und die Reinigung anregen, wodurch die Mehrheit der Menschheit, die nicht in liebevoller Hingabe lebt, umkommen wird. Die Überlebenden sind die Saat der 6. Generation.
(Inka)

2014 verursacht ein Asteroid großes Schrecknis.
(Thora – Bibelcode)

Es wird eine Warnung geben, die überall auf der Erde in der Luft zu sehen ist und augenblicklich in das Innere unserer Seelen weitergeleitet wird. Es wird nur kurz andauern, doch es wird uns sehr lang vorkommen wegen der Auswirkungen in uns, die wie Feuer sind, doch unser Fleisch nicht verbrennen, und wir werden es leiblich und innerlich spüren. Es wird wie zwei Sterne aussehen, die mit viel Lärm und Licht aufeinanderprallen, aber sie werden nicht herabfallen und uns nicht verletzen. Wir werden es sehen und in dem Augenblick unserem Gewissen begegnen. Ein Wunder wird nach dieser Warnung geschehen, das acht Tage zuvor angekündigt wird. Das Wunder wird mit einem kirchlichen Ereignis und einem Fest eines Heiligen der Eucharistie zusammenfallen. Es wird zwischen dem 08. und 16. März, April oder Mai an einem Donnerstagabend um 8:30 Uhr stattfinden und 15 Minuten dauern. Es wird für alle Anwesenden und bis zu den umgebenden Bergen sichtbar

sein. Die anwesenden Kranken werden geheilt und die Ungläubigen werden glauben. Es wird das größte Wunder sein, das Jesus für die Menschheit vollbringt. Das Zeichen, das für immer an den Pinien verbleibt, können wir sehen, fotografieren und filmen – aber nicht berühren. Es wird deutlich sein, daß es ein Zeichen von Gott ist. Die Sterne werden ihre übliche Bahn verlassen, der Mond wird nur noch einen schwachen roten Schein widerspiegeln – drei Tage Dunkelheit.
(Mutter Maria)

Die Himmel werden die Sterne nicht mehr in ihren Bahnen halten.
(Hermes Trismegistos)

Die Sterne fallen vom Himmel.
(altnordisch)

Die Wasser der Erde werden durch einen fallenden Stern, Wermut genannt, verseucht und viele werden an dem bitteren Wasser sterben.
(Bibel)

Viele schreckliche Zeichen werden am Himmel erscheinen, die Sonne wird verdunkelt werden und sich blutrot zeigen. Es werden zwei Monde zur gleichen Zeit über vier Stunden zu sehen sein, von wunderlichen Dingen umgeben.
(Caesarius von Heisterbach)

Das dritte Zeichen: die Nacht der blutenden Sterne. Es wird überall in der Welt bekannt werden, der Himmel wird in allen Ländern in Richtung Sonnenuntergang plötzlich blutrot sein – ohne Schattierung oder Muster, Tag und Nacht. Die Farbe war die von Menschen, nicht von der Natur und hatte einen ekelhaften Gestank. Es schien, als brenne die Erde, wo immer sie be-

rührt wurde. Als der Sonnenuntergang in die Nacht überging, schienen die Sterne hellrot, die Farbe verließ nie den Himmel und überall waren Schreie der Furcht und des Schmerzes zu hören. Zeit, Ort und Schicksal schienen in der Vorhölle zu sein, erstarrt durch den blutigen Himmel. Mit dem dritten Zeichen besteht keine Hoffnung einer möglichen Zukunft mehr. Das Leben auf der Erde, wie Menschen es jetzt leben, wird zu einem Ende kommen und kann nicht mehr zurückgedreht werden.
(Apache – Stalking Wolf)

Alles irdische Leben wird durch Feuer während einer planetaren Konstellation ausgelöscht. Dem Feuer wird im Oktober eine große Flut folgen, wenn die gleichen Planeten alle im Steinbock sind.
(Berosus)

Es wird Zeichen in der Sonne geben. Dunkelheit wird die Erde bedecken.
(Ekstatiker von Tours)

Große Steinmonster werden das Gesicht der Erde aufreißen.
(Onkwehonwe)

Ein feuriger Drache wird sechsmal am Himmel zu sehen sein. Über sieben Tage und Nächte wird es Erbeben und Fluten geben, Schrecknisse und Überlebenskampf. Wenn der Drachenschwanz gegangen ist, wird die Menschheit die alte (zerstörerische) Lebensweise wieder aufnehmen und der Drache wird zurückkehren.
(Mutter Shipton)

Wenn die 4. Trompete geblasen wird, bedeckt Dunkelheit den Himmel.
(Bibel)

Unglück und Düsternis werden zur Zeit der großen Sonnenfinsternis auftreten. Wenn die Finsternis der Sonne stattgefunden haben wird, wird das Wunderzeichen in der Helle des Tages gesehen werden. In einer ganz anderen Weise wird es verstanden werden. Ein hoher Preis, unachtsam und niemand wird es vorhergesehen haben. Durch die höchste Kraft der Allgebietenden, der Allwaltenden sind wir geführt vom Mond. Bevor sie ihren Kreis vollendet hat, wird die Sonne kommen und dann Saturn. Denn nach den Zeichen des Himmels wird die fließende Macht Saturns wiederkehren, so daß allen gesagt ist, daß die Welt durch heilige Liebe gewandelt wird. Wenn Venus von der Sonne verdeckt werden wird, wird unter ihrer Pracht eine verborgene Form vorhanden sein. Merkur wird sie im Feuer entdecken, durch kriegerischen Lärm wird sie beleidigt werden. Die Sonne von Merkur verdeckt wird nur als zweite am Himmel stehen: von Vulkan Hermes wird sie neue Weiden machen. Die Sonne wird dann rein, glühend (rot) und golden zu sehen sein.
(Nostradamus)

Sternenkunde
Juli bis August 2011

Wenn die nachfolgend aufgeführten vier Gegebenheiten zusammentreffen, dann könnte ihr Zusammenwirken die Erde gefährden:

1. Sommergipfel (Juni) auf der Nordhalbkugel, wenn der magnetische Erd-Nordpol der Sonne am nächsten ist.
2. Zwischen dem 02.06.2011 und 01.07.2011 werden zwei Sonnen- und eine Mondfinsternis mit geomagnetischen Folgen in Form von Erbeben erwartet.
3. Zur gleichen Zeit Sonnengipfel mit Umkehrung des Sonnenmagnetfeldes.

4. Gipfel eines großen Langzeit-Sonnenfleck-Zyklus. Die Verbindung von Sonne, Erde und Mond in einer Linie mit dem Gipfel eines 11-Jahres-Sonnenfleckenzyklus und dem Erd-Nordpol zur Sonne weisend ist über 65 Millionen Jahre nicht vorgekommen. Folge davon werden der Zusammenbruch und die Umkehr des Erd-Magnetfeldes sein, wodurch Erbeben, Vulkanausbrüche und Aschewolken in der Erd-Gashülle (mit nachfolgender Dunkelheit und Kälte) ausgelöst werden. Allerdings hat sich der Sonnenfleckgipfel möglicherweise auf 2012 verschoben.
(Kev Peacock)

Fünf ungewöhnliche Vorkommnisse in 2012

1. Venus-Rückkehr am 03.04.2012: alle 584 Tage kehrt die Venus in einer rückläufigen Schleife zum gleichen Himmelspunkt zurück und nähert sich immer mehr den Plejaden. Am 03.04.2012 wird sie näher an deren Mittelstern Alkione sein als alle anderen Plejadensterne und als sie es selbst im Jahre 853 war.
2. Sonnenfinsternis am 20.05.2012 um 12.00 Uhr Ortszeit in Chichen Itza (Pyramide Kukulcan) = 10 p.m. universeller Zeit = 3.30 AMGMT, bei der Sonne und Mond mit den Plejaden verbunden sind.
3. Venus-Transit am 05./06.2012: Venus zieht aus Sicht der Erde vor der Sonne vorbei. Dies geschieht nur alle 120 Jahre in Paaren, mit einem Abstand von 8 Jahren, zuletzt am 08.06.2004.
4. Sonnenfinsternis am 13.11.2012, bei der sich Sonne und Mond mit dem Schlangenkopf auf einer Linie befinden.
5. Die Ausrichtung der Sonnenwendsonne mit dem galak-

tischen Äquator, was 1980/81 begann und 2016/17 enden wird. Die Plejaden wandeln die aus dem galaktischen Zentrum kommenden Kräfte in eine schwächere Form um, die sie zur Erde weiterleiten. Ab 2012 wird die Erde diese Kräfte ohne Abschwächung empfangen. (Raymund Mardyks)

Die große planetare Verbindung

Zur Wintersonnenwende 2012 findet die „Große Verbindung" (Konjunktion) statt, bei der sich sechs der Planeten sowie Sonne und Mond in der gleichen Himmelshälfte befinden. Die Sonne steht am 21.12.2012 um 11.11 universeller Zeit im Steinbock, dem am stärksten mit der stofflichen Offenbarung von Kraft verbundenen Sternzeichen. (Audrey Fletcher)

Nibiru – der 10. Planet

Auf seiner eiförmigen (elliptischen) Umlaufbahn kommt Nibiru alle 3.600 Jahre in unser Sonnensystem. Nibiru ist ursprünglich doppelt so groß wie Jupiter gewesen. Nach babylonischer Überlieferung hat es einen Zusammenstoß von ihren Monden gegeben, die dann zu Kometen geworden sind. Die Hälfte des zerbrochenen Jupiter ist zum Asteroiden-Gürtel geworden, die andere Hälfte zur Erde, und Jupiters Hauptmond Kingu zum Erdmond. Nibiru hat bei diesem Zusammenprall selbst auch an Masse verloren und ist nun nur noch so groß wie die Erde und dadurch auch weniger gefährlich, wenn er die Erde „besucht". Wenn Nibiru 2012 wiederkehrt, wird er im Sternbild des Schützen auftauchen.

Auf einer vollständig erhaltenen Keilschrifttafel wird Nibiru beschrieben: „Nibiru, der die Übergänge von Himmel und Erde besetzt halten soll, weil jeder oben und unten Nibiru befragt, wenn sie den Durchgang nicht finden. Nibiru ist Marduks Stern, den die Götter am Himmel sichtbar werden ließen. Nibiru steht als Posten am Wendepunkt. Zum Posten Nibiru mögen die anderen sagen: Der die Mitte des Meeres (Tiamat) ohne Ruhe überschreitet, sein Name sei Nibiru, denn er nimmt die Mitte davon ein. Die Bahn der Sterne des Himmels sollen unverändert gehalten werden."

Der Schoß der Milchschlange

(Milchstraßenmitte / Galaktisches Zentrum)

Die Mitte der Milchstraße ist ein fester Leib, der regelmäßig alle 26.000 Jahre Materie gebiert, wobei außerdem eine galaktische Riesenwelle kosmischer Strahlung ausgelöst wird. Das Vorrücken des Frühlingspunktes alle 26.000 Jahre ist möglicherweise eine Folge davon. Die Lage des Milchschlangenschoßes wird am Himmel vom Pfeil des Schützen, dem Stachel des Skorpions und von Hand und Fuß des Schlangenträgers[19] gekennzeichnet.

Marsmond Phobos

Der kleinste, rötlich scheinende Marsmond Phobos könnte 2012 von Blue Kachina Star (Nibiru) aus der Umlaufbahn gebracht werden und auf die Erdatmosphäre prallen, wodurch es zu Erbeben, Vulkanausbrüchen, Polschmelze und einer globalen Überflutung kommen könne. (Gordon Michael Scallion)

---

[19] Sternbild und ehemaliges 13. Tierkreiszeichen (30.11.-18-12), siehe dazu auch Seite 87

Erdkreuzer

Es sind derzeit ungefähr 1.700 sogenannte Erdkreuzer, Asteroiden und Kometen bekannt, die die Umlaufbahn der Erde schneiden und groß genug sind, bei einem Zusammenprall das Leben auf der Erde zu vernichten. (Eleanor Helin)

1.3.2. Veränderungen der Sonne

Unser gesamtes Sonnensystem verändert sich bezüglich der bisherigen dreidimensionalen Beschaffenheit und für 2012 wird eine stoffliche Wandlung erwartet, bei der sich Raum und Zeit verändern und die Menschheit in eine neue Ausdehnung (Dimension) gehen wird. Die Sonne beeinflußt ihre Umgebung sowohl mit ihrem Magnetfeld als auch durch ihre Sonnenwinde. Diese Teilchenströme verlassen die Sonne mit einer Geschwindigkeit von mehreren 100 km/s und verdrängen den unsichtbaren Stoff, den schwarzen Mutterstoff bis zu einer Entfernung von mehr als zehn Milliarden Kilometern. Der vorübergehend verstärkte Strahlungsausbruch (Eruption) der Sonne erhöht sowohl die Geschwindigkeit als auch die Dichte der Sonnenwinde und verursacht auf der Erde neben Polarlichtern auch Störungen in Elektronik und Funk.

Das Sonnenmagnetfeld kehrt sich alle 22 Jahre um und ist die Ursache für den 11-Jahreszyklus der Sonne. Auf der Sonnenoberfläche ist das Magnetfeld etwa doppelt so stark wie das Magnetfeld auf der Erde. Sichtbare Auswirkungen der lokalen Magnetfelder sind die Sonnenflecken und die Sonnenausbrüche. Die Abschwächung des Sonnenmagnetfeldes ist Ursache für das vermehrte Eindringen von Staubteilchen aus dem All, die wiederum verstärkte Sonnenausbrüche hervorrufen.

Sonnenfleck-Zyklen (SFZ) waren schon in der Steinzeit bekannt und wurden bei der Gestaltung heiliger Stätten genutzt und einbezogen. Seit mindestens 1611 liegen Aufzeichnungen darüber vor. Ein SFZ umfaßt durchschnittlich 22 Jahre mit einem durchschnittlichen Höhepunkt im 11. Jahr (11,04 Jahre), bei Schwankungen zwischen 9 bis 13 Jahren Dauer. Auch der Durchschnittswert der SFZ verändert sich über die Jahrhunderte – die Sonnenfleck-Zyklen im 20. Jahrhundert waren mit 10,2 Jahren im Durchschnitt kürzer als die der vorangegangenen Jahrhunderte. Der letzte SFZ-Höhepunkt war im Februar 2001 und der nächste wird für Februar 2012 erwartet. Seit 15 Jahren wird eine zunehmende und immer stärkere Sonnentätigkeit verzeichnet, in deren Folge auch die Sonnenstürme zunehmen. Im Juni 2001 waren die Nordlichter als sichtbares Zeichen der Sonnenstürme in der Erdatmosphäre selbst in Mexiko sichtbar. Folgen der Sonnenstürme waren gesteigerte geomagnetische Aktivitäten sowie Erdbeben- und Vulkantätigkeit, die zum Zusammenbruch elektrischer Felder führten.

2003 gab es neun große Sonnenausbrüche in nur zwölf Tagen. Der größte verzeichnete Sonnenausbruch war am 20.01.2005 mit dem bislang stärksten Strahlungsschauer seit 50 Jahren. Die größte Stärke auf der Erde erreichte dieser gefährliche Protonensturm bereits 15 Minuten nach dem Sonnenausbruch, was zuvor mindestens zwei Stunden dauerte. Die Magnetfeldabschwächung führt also zu verstärkter Sonnenfleckenregsamkeit und Sonnenfeuern, die der Magnetfeldumkehr der Sonne vorausgehen, die das neue Zertalter mit vorbereiten.

Durch die periodische (mittlere) Magnetfeldumkehr der Erde und den Langzeit-Sonnenflecken-Zyklus, der am 22.12.2012 in eine Magnetfeldumkehr der Sonne mündet, könnte ein Erdkrustenrutsch ausgelöst werden. Die geomagnetische Erd- und Sonnentätigkeit weisen einen gleichzeitigen Anstieg auf, was zu einer weiteren Zunahme der Erdbebenhäufigkeit führen wird, die schon von 1800-2000 um das 4,5-fache angestiegen ist. (Kev Peacock)

1.3.3. Veränderungen der Erde
Veränderungen des Erdmagnetfeldes

Anhand erstarrter Magma der Meereskruste läßt sich nachweisen, daß sich das Erdmagnetfeld ungefähr alle 250.000 Jahre umkehrt. Die Häufigkeit der Polsprünge hat in den letzten 120 Millionen Jahren zugenommen. Zuletzt hat sich dies vor etwa 780.000 Jahren ereignet, die nächste Umpolung ist also mehr als „überfällig". Der Polsprung, die magnetische Feldumkehr, dauert etwa 4.000 bis 10.000 Jahre. Das elektromagnetische Feld der Erde nimmt seit ungefähr 2.000 Jahren beständig ab, was eine Verlangsamung der Erddrehung bis hin zum Stillstand bewirkt, wenn das Erdmagnetfeld gleich Null ist. In nicht allzu ferner Zukunft könnte deshalb eine Umpolung bevorstehen.
Während der Phase der Umpolung wäre die Erde den Sonnenwinden viel stärker ausgesetzt. Außerdem würde es ein Zusammenwirken der Veränderungen des Erdmagnetfeldes mit dem durch die exzentrische Erdumlaufbahn um die Sonne bedingten 100.000-Jahreszyklus der Erde geben, bei dem es auf der Erde in Abhängigkeit der unterschiedlichen Mengen von Sonneneinstrahlung zu Warm- bzw. Kaltzeiten kommen würde.
Es gibt Hinweise, daß sich während der geomagnetischen Polumkehr das Zeitgefühl verlangsamen und das Gedächtnis gelöscht werden könne. Untersuchungen im magnetischen Null-Feld führten bei russischen Kosmonauten zu Verwirrung, Aggression und Wahnsinn.
Gleichzeitig mit der Abnahme des Erdmagnetfeldes nimmt die Mitschwingung der Ionosphäre (die sogenannte Schumann-Frequenz) zu, die bis 1987 etwa 7,84 Hertz betrug, und derzeit verschiedenen Quellen zufolge bereits zwischen 9 und 11 Hertz beträgt. Für 2012 wird mit einer Erhöhung der Schumann-Frequenz auf 13 Hertz gerechnet.

Eiszeitalter-Zyklen

Ein Eiszeitalter besteht aus Kalt- und Warmzeiten. Kaltzeiten dauern mit etwa 90.000 Jahren deutlich länger als die Warmzeiten mit nur ungefähr 13-15.000 Jahren. Kaltzeiten sind gekennzeichnet durch massive Gletschervorstöße. Warmzeiten beginnen häufig recht plötzlich, während die Abkühlung eher schleichend erfolgt. Von einer Warmzeit zur nächsten dauert es etwas mehr als 100.000 Jahre. Seit der letzten Eiszeit vor 13.000 Jahren hat sich die Erde beständig aufgewärmt. Am Ende der letzten Eiszeit ist eine galaktische Riesenwelle durch unser Sonnensystem gefegt, über die noch Botschaften in der ägyptischen Giza-Wüste (sowie im Tierkreis und im Tarot) zu finden sind. Das Ende unserer derzeitigen Warmzeit nähert sich.

1.3.4. Gewalt gegen unsere Mitwelt

Weissagungen

Die gesamte Natur wird wegen der Missetaten und der Unordnung der Menschen zittern.
(Mutter Maria)

Wenn Menschen achtlos werden und ohne Dankbarkeit leben, dann wird Leben zerstört und das Leben der Menschen auf der Erde wird aufhören.
(Haudenosaunee)

Große Veränderungen geschehen auf Mutter Erde ... Wenn wir unsere zerstörerische Art zu leben nicht sehr schnell ändern, dann wird dieser heilige Ort nicht mehr länger menschliches Leben unterstützen. Mutter Erde spiegelt die menschliche Unfähigkeit im Einklang zu leben und ist nun in großer Gefahr.
(Ojibwae)

Wenn die Naturgesetze der Erde gebrochen werden, sterben die Menschen. Nicht alles ist Folge natürlicher Veränderungen, denn die Menschen werden in die Eingeweide der Erde bohren und in die Wolken greifen und so mit ihrem Leben spielen. Das Eisenzeitalter wird ins Nichts stürzen. Wenn auch das künstliche Licht den Dienst versagt, dann ist das große Ereignis in den Himmeln nahe.
(Johannes Friede)

Einsichten zum Leben auf der Erde

Von Pflanzen und Tieren wurden viele Arten ausgerottet, Millionen von Tieren und Pflanzen sind versklavt und werden Mißhandelt. In unserer Mitwelt haben wir die Luft verschmutzt und ihren Schutzmantel zerstört (Ozonlöcher), die Erde vergiftet und verwüstet, die Feuer entfesselt (Atomkraft) und die Wasser verschmutzt und verseucht.
Zerstörung unserer Mitwelt, Ausbeutung, Unterdrückung und Versklavung der Pflanzen und Tiere durch Herrschaft hat zur Ausrottung vieler Arten geführt. Pflanzen und Tiere sind ihrer Würde beraubt, werden grausam gequält und getötet. Neben der Vielzahl unbekannter Nebenwirkungen der Nutzung von chemischer, elektrischer und atomarer Kraft, bringen die Eingriffe in das heilige Erbgut (Gentechnik) weitere unabschätzbare Gefahren für das Leben.
In den letzten 100 Jahren starben allein 1.000 der einst 6.400 Nutztierrassen aus (16%). Infolge herrschaftlichen Eingreifens sterben jede Woche zwei weitere Nutztierrassen aus. Dabei werden bestens an die Gegebenheiten angepaßte Rassen in den armen Ländern durch gezüchtete Hochleistungsrassen verdrängt, deren Anpassungs- und Überlebensfähigkeit viel geringer ist. Entscheidend für das Überleben ist jedoch die Bewahrung der natürlichen Artenvielfalt.

Das Trinkwasser auf der Erde ist schon jetzt nur noch für 50% der Menschheit ausreichend vorhanden. 20% der Menschheit leiden an Wassermangel und 30% der Menschheit haben schon jetzt kein sauberes Trinkwasser mehr. Die Kriege um das Wasser haben schon lange begonnen.
Naturkatastrophen nehmen zu: Mittlerweile verlieren dadurch mehr Menschen ihr Zuhause als durch Kriege. Ursache dafür sind die hemmungslose Zerstörung von Wäldern, Flüssen, Seen, Feuchtgebieten u.v.a.m. durch menschliche Eingriffe.
Weitere Folgen sind klimatische Veränderungen u.a. infolge der Luftverschmutzung und des Treibhauseffektes.
Allein durch illegalen Giftmüllexport zum Beispiel werden weltweit jährlich mindestens 1.100 Millionen US-Dollar verdient.

Erderwärmung und Klimakatastrophe
Weissagungen

Wenn in der Mitte des Winters die Pflanzen blühen, ist es nochmals an der Zeit, alle Menschen vor der kommenden Zerstörung und dem Leid zu warnen, die uns betreffen werden, wenn wir nicht lernen, miteinander im Einklang zu leben.
(Hopi)

Die letzte schwere Prüfung der Menschheit wird sich durch ungewöhnliche Naturveränderungen ankündigen. Der Wechsel zwischen Kälte und Hitze wird zunehmen. Wenn die Nächte kälter und die Tage heißer sind, wird in der Natur ein neues Leben beginnen. Die Hitze bedeutet Strahlung von der Erde und die Kälte das abnehmende Sonnenlicht. Nach wenigen Jahren wird deutlich werden, daß das Sonnenlicht spürbar schwächer geworden ist.
(Johannes Friede)

Die Jahreszeiten werden sich verändern, die Erde wird nur schlechte Früchte tragen.
(Mutter Maria)

Merkwürdige, entstellte Tiere ohne richtige Gliedmaßen werden geboren. Die Flüsse werden brennen. Die Luft wird in den Augen der Menschen brennen. Die Vögel werden vom Himmel fallen und die Fische werden im Wasser sterben.
(Onkwehonwe)

Wissenschaftliche Auskünfte

Die Mehrheit der Wissenschaftler/innen ist der Ansicht, daß durch die vom Menschen verursachte Zunahme der Treibhausgase in der Atmosphäre die globale Erwärmung und damit einen Klimawandel mitbewirkt hat, der noch weiter voranschreiten werde. Ursache der Treibhauswirkung ist der Anstieg der Treibhausgase auf das Doppelte der vorindustriellen Werte.

Folgen der Erderwärmung sind:

- der Anstieg der Meeresspiegel (derzeit ungefähr 20 cm/Jahr) durch die Verringerung des Meereises und der Eisbedeckung der Erde (Schmelzen der Gletscher und des Poleises) mit Entsalzung, Überwärmung, Versauerung der Meere und Veränderung der Meeresströmungen.

- veränderte Niederschläge, stärkere oder häufigere Wetterextreme wie Fluten / Überschwemmungen und Dürren, Waldbrände.

- die Verschiebung von Lebensräumen sowie der Klima- und Vegetationszonen (Wachstums-Gürtel) und Zerstörung der Permafrostböden mit nachfolgender Methanfreisetzung, das als starkes Treibhausgas die Erwärmung noch weiter beschleunigt.

- veränderte Jahreszeiten: die Winter werden wärmer mit der Folge von Überflutungen und die Sommer werden kühler und gleichzeitig trockener mit gehäuft auftretender Dürre.

- die Verringerung der Artenvielfalt.

- die Ausbreitung von Parasiten und Tropenkrankheiten.

- zunehmend mehr Umweltflüchtlinge.

Von 1963-1993 wurde eine 410%ige Zunahme von Temperatur, Klimaveränderungen, Wetterextremen, Stürmen, Fluten, Erdbeben, Erdrutschen und von 1993-2005 eine Zunahme von sogar 600% verzeichnet. Für die kommenden Jahre wird eine noch stärkere Steigerung angenommen.
Ein Viertel der Erde ist mittlerweile von Verödung und Verwüstung bedroht, wodurch mindestens 1.200 Millionen Menschen (18,5% der Weltbevölkerung) ihre Lebensgrundlage verlieren. Die Böden gehen mindestens 16-300mal so schnell verloren wie sie wiederhergestellt werden können. Alle 8-9 Tage geht z.B. in Afrika eine Fläche von der Größe Berlins durch Verwüstung verloren. Und auch in China wächst die Wüste jeden Tag.

Die Abschwächung des Golfstromes

Riesige Meeresströmungen sind (neben Luftströmungen, Winden) maßgeblich verantwortlich für den Wärmeaustausch auf der Erde zwischen Kalt- und Warmgebieten. Der Golfstrom bringt warmes Oberflächenwasser in den Nordatlantik. Dort wird der Strom durch seinen hohen Salzgehalt in die Tiefe gezogen, was wiederum den Zustrom warmen Oberflächenwassers bewirkt. Doch der vom Menschen verursachte Treibhauseffekt führt dazu, daß im hohen Norden die Eisberge schmelzen und vermehrt Süßwasser ins Meer fließt, wodurch sich der Salzgehalt im Nordmeer verringert. Das Absinken des Wassers wird infolge dessen gebremst und der Golfstrom verlangsamt. Die Menge des in großer Tiefe nach Süden zurückfließenden Kaltwassers hat schon jetzt um wenigstens 50% abgenommen. Untersuchungen zufolge ist der Golfstrom seit 1957 mindestens ein Drittel schwächer geworden.

Die Zerstörung der Wälder

Es ist uns vorhergesagt, daß die Welt dem Ende nahe sein wird, wenn die Bäume überall anfangen zu sterben.
(Onondaga) / (Keetoowah / Cherokee)

Berge, die mit gesunden Bäumen bewachsen waren, sind nackt.
(Nuchanultz-Frauengeheimbund)

Abholzung

Im Hochmittelalter wurde ein Großteil der europäischen Wälder abgeholzt, was die heutige Landschaft geprägt hat. Dann wurde Nordamerika massiv entwaldet, das im 15. Jahrhundert noch zu vierzig Prozent mit Wald bedeckt war. Heute sind es noch 3-4 Prozent. Gegenwärtig werden die tropischen Regenwälder rücksichtslos mit mehr als fünf Millionen Hektar pro Jahr abgeholzt. Zudem brennt in den Tropen und Subtropen

jährlich eine Fläche von der Größe Australiens. Diese ersatzlose Vernichtung der Tropenwälder ist einer der Hauptgründe dafür, daß der Kohlendioxidgehalt in der Atmosphäre so stark zugenommen hat.
Saurer Regen ist Niederschlag, dessen pH-Wert durch den natürlichen Kohlendioxid-Gehalt der Atmosphäre niedriger ist als der in reinem Wasser. Hauptursache für den sauren Regen ist die durch Menschen verursachte Luftverschmutzung, insbesondere durch säurebildende Abgase. Saurer Regen schädigt Natur und Mitwelt und ist Hauptverursacher des Waldsterbens. Neben dem sauren Regen gibt es darüber hinaus die Schädigung von Pflanzen durch sauren Nebel, der häufig deutlich saurer ist, da Nebel leichter Schadstoffe aus der Luft aufnimmt als Regen. Durch Verbrennung schwefelhaltiger fossiler Stoffe wie Kohle und Heizöl entstehen Schwefeloxide, die zusammen mit Wasser Schwefelsäure bilden. Außerdem entstehen bei jeder Verbrennung Stickoxide durch Umwandlung des in den Brennstoffen und in der Luft enthaltenen Stickstoffes. Diese bilden mit Wasser und Sauerstoff Salpetersäure. Die dabei entstehende Schwefelsäure ist zu etwa 2/3, die Salpetersäure zu etwa 1/3 für die Versauerung der Niederschläge verantwortlich. Weltweit wirkt sich auch das bei der Verbrennung der o.g. fossilen Brennstoffe freiwerdende Kohlendioxid aus. Durch die übermäßige Verbrennung fossiler Brennstoffe steigt der CO_2-Gehalt der Atmosphäre. Dies führt neben dem Treibhauseffekt auch zur „Versauerung“ des Regens. Saurer Regen schädigt durch die Versauerung des Bodens die Pflanzen und wurde ursächlich mit Baumschädigungen (Waldsterben) in Verbindung gebracht. Die im Wesentlichen betroffenen Wälder liegen in Gebieten mit häufigen und ergiebigen Niederschlägen, die zudem recht niedrige Jahresdurchschnitts-Temperaturen aufweisen. Dies trifft in Deutschland insbesondere auf Wälder in höheren Lagen der Mittelgebirge und der Alpen zu. Da die aufgetretenen Krankheitsbilder sehr unterschiedlich sind (neben ge-

sunden Beständen kommen in vergleichbarer Lage auch stark geschädigte vor), werden neben den sauren Niederschlägen heute auch noch andere Ursachen für die Baumschädigungen vermutet (natürliche Schwankungen der Anfälligkeit gegenüber Bodenversauerung, Änderungen des Klimas) bzw. nachgewiesen (Mineralienmangel, Schädigung geschwächter Bäume durch Pilze, Bakterien, waldbauliche Fehler). Durch die Übersäuerung der Böden wird ihre natürliche Zusammensetzung gestört. Giftige Schwermetall-Ionen werden freigesetzt, die die Feinwurzeln der Bäume absterben lassen. Dadurch entstehen Störungen im Wasser- und Nährstoff-Haushalt der Bäume, ihre Widerstandskraft nimmt stark ab, wodurch sie anfälliger für Krankheiten und natürliche Belastungen sind. Selbst Bodenfrost oder Schädlingsbefall können jetzt schwere Schäden anrichten. Saurer Regen behindert die Jungbäume am Wachstum und schädigt die ausgewachsenen Bäume. Zunächst wirkt sich der Befall auf die Blatt- oder Nadelkronen der Bäume aus, die Blätter oder Nadeln werden abgeworfen. Dies führt zur Kronenverlichtung. Außerdem kann Wipfeldürre entstehen und der Baum schließlich absterben. Damit ist saurer Regen eine der Ursachen für das Waldsterben. Auch Gewässer werden zunehmend durch den sauren Regen belastet, vorwiegend über die Zuflüsse. Durch den Bodenabfluß und als Folge des Säureeintrags reichern sich im Wasser Metall-Kationen, z.B. Aluminium an, die als Zellgifte wirken und zu Artenverarmung führen können. Die Erdbeschaffenheit der Einzugsgebiete von Flüssen und Seen entscheidet wesentlich über die Auswirkungen der Versauerung. Gewässer bei kaum ausgleichenden („neutralisierenden“) Gesteinen wie z.B. Granit, Gneis, Sandstein, sind besonders von Versauerung betroffen, wohingegen große Kalksteinvorkommen auf die Gewässer ausgleichend wirken. Bäume betreiben Sauerstoff freisetzende Photosynthese und benötigen zum Wachstum das Kohlendioxid der Luft. Wälder sind deshalb die größten CO_2-Speicher auf der Landoberfläche der Erde. Aus diesem Grund wirkt Entwaldung (Abholzung) als CO_2-Quelle (unmittelbare Freisetzung bei Brandrodung oder bei Drainage, verzögerte Freisetzung bei einer vorangehenden stofflichen Nutzung des Holzes). Gleichzeitig können Wälder auch zur CO_2-Einlagerung beitragen. Ein Ausgleich der durch die Entwaldung verursachten CO_2-Belastung ist nur unter bestimmten Bedingungen durch Aufforstung möglich.

Die Löcher im Himmel: Ozonlöcher

Löcher im Himmel werden als zweites Zeichen für die Vernichtung der Menschheit kommen. Das ist dann die letzte Möglichkeit zur Umkehr für die Menschen.
(Stalking Wolf – Apache)

Ozonlöcher sind ungewöhnlich starke, geographisch umschriebene Verringerungen der Ozonschicht, die seit Ende der 1970er Jahre anfänglich nur über der Südpolarregion, seit 1992 auch über der Nordpolarregion beobachtet wurden. Natürliche geringfügige Schwankungen in der Ozonschicht, die vermutlich durch die Sonnenaktivität hervorgerufen werden, sind schon länger bekannt. Der Abbau des Ozons wird durch gasförmige Halogen-Verbindungen verursacht. Es gibt zwar auch natürliche Quellen, doch werden die gegenwärtigen Ozonlöcher nach heutigem Wissensstand durch die vom Menschen zusätzlich in die Atmosphäre gebrachten Fluorchlorkohlenwasserstoffe (FCKW) verursacht. Der Abbau der Ozonschicht hat zur Folge, daß die UV-Strahlung nicht mehr in vollem Umfang abgefangen wird. 2005 wurde über der Antarktis der drittniedrigste je gemessene Stand an Ozon nach 2000 und 2003 ermittelt. Im Jahre 2006 verschlechterten sich die Werte weiter. Mit einer Ausdehnung von 27,45 Millionen Quadratkilometern erreichte das Ozonloch über dem Südpol seine bisher größte Ausdehnung. Der Grund, warum das Ozonloch am Südpol so viel ausgeprägter ist als am Nordpol, liegt in der Form des Antarktis begründet. In der Polarnacht, wenn keine Sonnenstrahlung auf die Erde fällt, bildet sich ein Kaltluftgebiet, der sogenannte Polarwirbel. Da die Antarktis im Wesentlichen rund ist und kaum höhere Gebirge aufweist, wird der Polarwirbel an seinen Rändern auch nur wenig gestört, und in seinem Inneren können sehr tiefe Temperaturen (bis −85 °C) erreicht werden. Am Nordpol wird der entstehende Polarwirbel durch die Überströmung der Gebirge der hohen nördlichen Breiten gestört. Wärmere Luft wird eingemischt und die Temperaturen können nie soweit absinken wie es für die Entstehung von polaren Stratosphärenwolken nötig wäre. Ohne diese Wolken können aber die Stickstoffverbindungen nicht aus der Luft entfernt werden und der Ozonabbau bei Sonnenaufgang wird wesentlich gedämpft.

Aufgrund der Zerstörung der Ozonschicht gelangt mehr UV-Licht auf die Erdoberfläche, was beim Menschen zu Hautschäden bis hin zum Hautkrebs führen kann. Bei fehlender Ozonschicht droht sogar Erblindung in wenigen Stunden. Niedrigere Ernteerträge werden ebenfalls erwartet.

1990 kam es zu einem vollständigen FCKW-Verbot. 1994 wurde der Höhepunkt des Abbaus der Ozonschicht festgestellt. Seitdem schließt sich das Ozonloch langsam wieder. Schätzungen über die Geschwindigkeit, mit der sich die Ozonlöcher auf natürliche Weise wieder schließen, schwanken um zehn bis zwanzig Jahre. Die NASA schätzt, daß über der Antarktis frühestens 2068 (!!!) wieder der Zustand vor der menschlich bedingten Ausdünnung hergestellt sein wird. Über der Arktis ist in kalten Wintern der nächsten 15 Jahre mit größeren Ozonverlusten zu rechnen.

Die Verschmutzung der Meere

Flüsse, die sauber waren, sind verseucht. Das Meer kämpft ums Überleben.
(Nuchanultz-Frauengeheimbund)

Infolge der Erderwärmung werden auch die Meere wärmer und zusätzlich saurer, da sie einen Teil des von Menschen freigesetzten Kohlenstoffdioxids aufnehmen und binden. Diese Versauerung bedroht besonders Tiere mit Kalkschalen, wie etwa Korallen. Durch die steigenden Meeresspiegel und Wassertemperaturen verschieben sich auch die Lebensräume der im Wasser lebenden Tiere und Pflanzen. Die Verschmutzung der Meere durch Roh- oder Schweröl, hauptsächlich durch Öltankerunfälle sowie die sogenannte „schleichende Ölpest", die u.a. durch das Waschen von Tanks und das Abpumpen von Öl auf offener See verursacht wird, bedrohen das Leben in den Meeren. Da Öl leichter ist als Wasser, schwimmt es an der Wasseroberfläche und bildet einen Ölteppich, der die Wellenbewegung dämpft. Das scheinbar ruhige Wasser zieht Seevögel an. Das zähflüssige Öl verklebt das Gefieder und führt oft zum Massensterben von Seevögeln und anderen Tieren im betroffenen Gebiet. Besonders in den kälteren Meeren hat eine Ölpest über Jahre hinaus katastrophale Auswirkungen auf die Tiere, da dort das Öl kaum verdunstet und somit viel langsamer abgebaut wird als in wärmerer Umgebung.
Bei der heute ungesetzlichen Treibnetzfischerei werden Unmengen von als nicht verkaufsfähig geltende, nicht benötigte und dennoch getötete Tiere gefangen. Unverhältnismäßig hohe Raten von Nicht-Zielfischen, wie Haie und Rochen, aber auch Seevögel wie verschiedene Albatroßarten und Fregattvögel sowie Meeresschildkröten und Meeressäuger treten bei vielen Fischereiarten auf. Grundschleppnetz-Fischereien verwüsten den Meeresboden und zerstören die dort befindlichen einzigar-

tigen Lebensräume wie Kaltwasserkorallenriffe nachhaltig. Zahlreiche Delphine und Wale geraten in Schleppnetze und werden getötet. Die industriell betriebene Fischerei führt zur Bedrohung des Bestandes vieler Fischarten. Durch die Langleinen-Fischerei sind mittlerweile alle 21 Albatroßarten sowie etwa 20% aller Haiarten gefährdet oder vom Aussterben bedroht. 52% der Meeresfischbestände sind so sehr befischt, daß eine Steigerung nicht mehr möglich ist. Von allen beobachteten Beständen ist mindestens ein Viertel in bedenklichem Zustand. In den letzten 15 Jahren traten Walstrandungen im Zusammenhang mit militärischen Sonartests sowie dem zunehmenden Unterwasserlärm gehäuft auf, da sie die Verständigung und den Orientierungssinn der Wale beeinträchtigten. Ebenso führen die infolge der Veränderungen der großen Windströmungen auch ihren Verlauf verändernden Meeresströmungen vermehrt zu Strandungen. Ursache dafür sind Erd- und Meererwärmung. In nährstoffreichem, kaltem Wasser finden Wale besonders viele Beutetiere, weshalb sie den Kaltwasserströmungen folgen und somit in seichtere Gewässer gelangen als sonst, wo die Gefahr für Strandungen höher ist. Da viele Wale und Delphine in Gruppen leben, begleiten sie oft kranke oder geschwächte Tiere in seichte Gewässer, was bei Ebbe zu Massenstrandung führen kann. Gestrandete Großwale werden von ihrem eigenen Gewicht zerdrückt und es besteht die Gefahr der Überhitzung.

Naturunglücke / Katastrophen
Weissagungen

Die Erde wird beben und die Meere werden keine Schiffe tragen. Sogar die Luft wird mit düsterem Stillstand erkranken. Die höchste Kraft wird die Erde mit Fluten reinigen und wieder ordnen.
(Hermes Trismegistos)

Wasser und Feuer werden den Erdball erschüttern und furchtbare Erbeben werden Berge und Städte verschlingen. Die Erde, die sich in einer anhaltenden Zeit von Entwicklungen über drei Tage befunden hat, wird ihre feurigen Därme öffnen und dann werden Wasser und Feuer die Erde reinigen und alle Werke menschlichen Stolzes verzehren. Teile der Erde werden ins Meer gespült und gewaltige Stürme treten auf, wobei Millionen von Menschen umkommen werden.
(Mutter Maria)

Am Ende unseres Zeitalters werden verheerende Wirbelstürme, Überschwemmungen, Erdbeben, Vulkanausbrüche und große Krankheit auftreten – nur wenige werden überleben. Dann ist der Himmel geteilt, das Land gehoben und es beginnt das Buch der 13 heiligen Kräfte.
Es folgt eine große Überflutung der Erde und dann erhebt sich der große Itzam Cab Ain. Das Ende des Wortes, die Faltung des Katun: es ist eine Flut, die das Ende des Wortes sein wird. Die Seen werden ausgeleert, Berge umstürzen und Länder in den Fluten der Meere versinken.
(Maya)

Ein gewaltiges Erdbeben bricht das letzte, das 7. Siegel: die Sonne wird schwarz und der Mond wird wie Blut aussehen und jeder Berg und jede Insel werden von ihrem Ort bewegt.
Dann ist Stille im Himmel. Sieben Engel mit sieben Trompeten kommen und mit jedem Klang werden neue Schrecken auf die Erde gebracht: Hagel und Feuer mit Blut gemischt wird fallen und ein Drittel der Bäume und aller Gräser wird verbrennen. Ein Drittel der Meere wird zu Blut und ein Drittel aller Schiffe wird zerstört. Blitze und Donner, Erdbeben und großer Hagel.
(Bibel)

Stürme werden furchtbare Folgen haben, Erdbeben werden

große Gebiete zerstören und die See wird die meisten Flachländer überschwemmen.
(Johannes Friede)

Drei schlafende Berge werden erwachen und Schlamm, Eis und Tod spucken. Erdbeben werden Stadt um Stadt verschlingen. Die Meere werden die Küsten überfluten und Länder werden aufreißen und zerbrechen.
(Mutter Shipton)

Wälder werden geknickt und sterben, Küstenstriche überflutet und Stürme werden immer heftiger und stärker.
(Apache – Stalking Wolf)

In der Stunde der Drangsale wird ein furchtbares Beben die Erde erschüttern. Die Menschen sollen sich auf Bergen versammeln. Eine mächtige Flut wird folgen. Wasser und Schlamm werden alle Ungläubigen sterben lassen.
(Paiute)

Das große Volk im Meer, das aus vielen verschiedenen Stämmen besteht, wird durch Erdbeben, Sturm und Flutwelle verwüstet werden. Es wird geteilt werden und ein großer Teil wird untergehen. Die Meere werden auch die Küsten vieler anderer Länder überschwemmen und viele Städte zerstören.
(Heilige Hildegard)

Die Erde wird beben, Vulkane ausbrechen und Veränderungen verursachen, um ihren Überschuß an lästigen Menschen loszuwerden. Ein Feuerberg, der das Seattle-Gebiet verwüsten wird: „die kleine Schwester" (Mount St. Helens) spricht und „Großvater" (Mt. Rainier) antwortet. Und das Land wird ausgefegt bis zum Meer.
(Chippewa)

Es wird Vulkanausbrüche, Erdbeben und Orkane geben, gut die Hälfte Kaliforniens und die Hälfte Washingtons und Oregons versinken im Wasser. Dasselbe im Osten und im Süden.
(Lakota)

Zum Ende der vierten Welt bis 2012 wird die Erdmutter alle Gebiete reinigen, in denen Menschen leben, die sich nicht in Liebe und Einklang befinden und die Erde und ihre Geschöpfe nicht ehren – sie werden umkommen.
(Seneca)

Eine Erdbebenzone entwickelt sich im Nordostpazifik von der Küste von Peru bis hinauf zur Arktis. Die östlichen Städte der USA werden betroffen sein und Teile von New York werden zerstört. Die Azoren steigen wieder aus dem Meer auf.
(Cheiro)

Es wird eine Weltzerstörung sein, wie es vor 11.000 Jahren in Atlantis geschah. England und Teile der nordwesteuropäischen Küste werden versinken, und die versunkenen Azoren, Insel von Poseidon, werden wieder aus dem Meer aufsteigen.
(Helena Blavatsky)

2013 – Verwüstung, Feuer, Erdbeben, Schrecknis. Die USA-Westküste, Japan und die Philippinen werden im Meer untergehen.
(Thora – Bibelcode)

Eine Zeit natürlicher Erschütterung wird kommen, während der ein großer Teil der Menschheit vernichtet werden wird: heftige Erdbeben, große Flutwellen. Der Hauptort der Störung wird im östlichen Mittelmeerbecken liegen, wo nicht weniger als fünf Länder völlig verschwinden werden. Im Atlantik wird ein Land aufsteigen, das Ursache der Wellen ist, die großes

Unglück über die amerikanischen, irischen, britischen und westeuropäischen Küsten bringen. Es sind weitere Umwälzungen im Südpazifik und um Japan herum angezeigt.
(Arthur Conan Doyle)

Wenn der Schrecken herabsteigt, wird die Erde geschüttelt und die Berge zerbrechen und werden zu Staub ... Erde und Berge werden emporgehoben und mit einem einzigen Stoß zermalmt und die Himmel werden zerreißen ... Der Erdboden wird einbrechen: einmal im Osten, einmal im Westen und einmal in Hejaz, Saudiarabien. Nebel oder Rauch werden die Himmel für 40 Tage bedecken. Eine Nacht, die drei Nächte andauert wird dem Nebel folgen. Es wird im Monat des Zil-Hajj stattfinden nach Eidul-Adha und die Menschen sehr beunruhigen. Nach dieser Nacht von drei Nächten wird die Sonne am nächsten Morgen im Westen aufgehen. Dann wird die Reue der Menschen nicht mehr angenommen werden. Einen Tag später wird der Boden aufreißen und das Tier der Erde wird auf wundersame Weise von Mount Safaa in Makkah erscheinen. Es wird mit den Menschen sprechen und ihre Gesichter kennzeichnen, so daß die der Gläubigen glitzern und die der Ungläubigen verdunkelt sind. Einige Jahre nach dem Feuer wird die Trompete wieder geblasen und Qiyaamah beginnt – das Schlimmste wird dann auf die Schöpfung kommen ...
(Qur'an – Koran)

Alles wird zerstört und entvölkert. Auch die wilden Tiere werden durch einen schrecklichen schwarzen Regen ausgelöscht werden.
(Brahan-Coinneach Odhar)

Zuerst wird ein dreifacher Winter kommen, in welchem Schnee von allen vier Ecken des Himmels fallen wird .... schwere Fröste, schneidender Wind, stürmisches Wetter und die Sonne

vermag keine Freude zu geben. Drei solcher Winter werden kommen ohne durch einen einzigen Sommer gemildert zu werden. Dann werden drei weitere ähnliche Winter folgen, in denen Krieg und Uneinigkeit auf der Erde sein werden. Die Erde wird beben und die Meere werden ihre Becken verlassen, die Himmel werden entzweigerissen und Menschen werden in großer Zahl umkommen. Feuer wird sich ausbreiten, alles verbrennt, die Sonne wird verdunkelt, die Erde versinkt in den Meeren und die Zeit ist nicht mehr.
(altnordisch)

Warnung der Wissenschaftler/innen der Welt

Menschen haben sich gegen die Natur gestellt. Menschliches Tun führt zu schweren und oft nicht wiedergutzumachenden Schäden an unserer Mitwelt und lebenswichtigen Naturschätzen. Viele der jetzigen Vorgehensweisen gefährden das Leben von Menschen, Pflanzen und Tieren. Es bedarf grundsätzlicher und tief greifender Veränderungen, um die vorhersehbare Katastrophe zu vermeiden. Das gesamte Lebensnetz leidet unter menschlichen Einwirkungen.

Atmosphäre

Die durch den Ozonmangel entstandenen Löcher in der die Erde umgebenden schützenden Gashülle (Stratosphäre) bedrohen die Menschen und viele andere Lebewesen auf der Erde mit zunehmender UV-Strahlung, die schädigt und tötet.
Luftverschmutzung und saure Niederschläge verursachen schon jetzt weit verbreitete Schäden an Menschen, Tieren, Wäldern und Pflanzen.

Wasservorräte

Achtlose Ausbeutung der nicht erneuerbaren Grundwasservorräte gefährdet sowohl die Nahrungsherstellung als auch andere grundlegende Lebensnotwendigkeiten. Schwere Belastungen der Oberflächenwasser haben zu einschneidender Wasserknappheit in mindestens 80 Ländern geführt, in denen mindestens 40% der Menschheit lebt. Verschmutzung von Flüssen, Seen und Grundwasser gefährden zusätzlich die Wasserversorgung.

Meere

Der Raubbau der Meere und ihrer Lebewesen ist schwerwiegend, besonders an den Küsten, wo der meiste Fisch gefangen wird. Immer höhere Fangquoten gefährden immer mehr den Bestand der Wassertiere. Flüsse bringen die schwere Last weggespülter Erde ins Meer sowie Müll und Gifte in verschiedenster Form.

Erde

Der Verlust der Fruchtbarkeit der Mutterböden, der zudem eine ausgeprägte Landflucht verursacht, ist eine weitverbreitete Folge der gegenwärtigen Form der Landwirtschaft und Tierhaltung.
Seit 1945 wurden mindestens 11% der bewachsenen Erdoberfläche verwüstet – ein Gebiet größer als Indien und China zusammen.
Die Pro-Kopf-Nahrungsmittelherstellung nimmt im Weltdurchschnitt weiter ab – bei weiterhin steigender Weltbevölkerung.

Wälder

Sowohl der tropische Regenwald als auch der tropische und gemäßigte Trockenwald werden immer schneller zerstört und mit ihnen eine Vielzahl von Pflanzen- und Tierarten.

Lebewesen

Immer mehr Arten werden unwiederbringlich ausgerottet, wodurch die Vielfalt, auf der die Beständigkeit des Lebens beruht, verloren geht und mit ihr die Fruchtbarkeit und Schönheit der Erde.
Der steigende Kohlengasanteil in der Atmosphäre verändert das Klima weltweit.

Bevölkerung

Die Erde ist endlich. Ihre Fähigkeit, Abfälle und Zerstörung hinzunehmen ist begrenzt. Ihre Fähigkeit, für Nahrung und Kraftstoffe zu sorgen ist begrenzt. Ihre Fähigkeit, für die immer schneller wachsende Menschheit zu sorgen ist begrenzt.
Die derzeitige Art der Wirtschaft zerstört die Mitwelt in den sogenannten „entwickelten“ wie „unterentwickelten“ Ländern gleichermaßen und gefährdet grundsätzlich das Lebensnetz auf der Erde.
Das erzwungene Bevölkerungswachstum überfordert die Möglichkeit der Natur, allen eine nachhaltige Zukunft zu gewährleisten.

Warnung

Es bedarf tiefgreifender Veränderung in der Lebensweise aller Menschen, um weltweit Not und Elend zu heilen und die Erde vor der Zerstörung durch die Menschheit zu bewahren.

Was wir alle gemeinsam tun müssen:

- Beenden jeglicher Mitweltzerstörung und Nutzung erneuerbarer Kraftquellen, deutliches Vermindern der Verschmutzung von Luft, Wasser und Erde sowie Wiederherstellung aller geschädigten Lebensräume .

- Sinnvoller und sorgsamer Umgang mit Naturschätzen und Wiederverwertung.

- Verwirklichung des Selbstbestimmungsrechtes der Frauen über Leib und Leben als Voraussetzung, um das erzwungene Bevölkerungswachstum aufzuhalten.

- Jegliche Ausbeutung abschaffen, um die Armut zu heilen.

Die sogenannten „entwickelten“ Länder sind die größten Verschmutzer und Zerstörer der Erde und all ihrer Lebewesen. Sie müssen ihren übermäßigen Verbrauch der Gaben der Erde grundlegend und nachhaltig einschränken, um die Erde zu entlasten und ihre Mitmenschen aus Hunger und Not zu befreien. Sie müssen ihre Ausbeutung beenden und die geschädigten Länder bis zu ihrem Genesen geschwisterlich unterstützen. Es ist längst überfällig zu begreifen, daß aufgrund der weltweiten Zerstörung „alle in einem Boot sitzen“ – die reichen wie die armen Länder und Menschen.

Diese Warnung wurde am 18.11.1992 von 1.700 führenden

Wissenschaftler/innen, darunter die meisten der Nobelpreisträger/innen, unterzeichnet und an die Weltöffentlichkeit gegeben. Bis heute hat sich jedoch durch den Einfluß der Menschen die (Über)Lebenslage der Erde und ihrer Geschöpfe noch weiter verschlechtert. Es ist höchste Zeit, gemeinsam die notwendigen Veränderungen zu bewirken.

Einsichten

Niemand vermag der Bedrohung des Lebens durch Hunger, Not, Zerstörung sowie Gewalt und Krieg zu entkommen. Heilung kann nur geschehen, wenn Gewalt und Krieg beendet werden. Ein natürliches Verantwortungsbewußtsein ist nötig, um alles Leben in gemeinsamer liebevoller Verbundenheit zu bewahren. Selbst im All hat Herrschaft die Erde ihrer Freiheit beraubt – ohne auch nur eine Ahnung der möglichen Folgen zu haben. Die Erde ist umgeben von einem Metallkäfig aus Satelliten, Raumgefährten und menschlich verursachtem Müll und Schrott. Und Herrschaft hat schon begonnen, den Mond aufzuteilen und zu verkaufen.

2. Die Neue Welt, die Neue Zeit

Überall auf der Erde kennen Menschen der vielfarbigen Völker Weissagungen, die Auskunft geben über die bevorstehenden Veränderungen in den Jahren bis 2012. Sie weisen darauf hin, was wir Menschen eigenverantwortlich verändern müssen, um die durch Herrschaft verursachte Gewalt in allen Bereichen des Lebens endlich zu beenden.
Darüber hinaus warnen sie uns vor den Folgen menschlichen Handelns für die Erde und für alle Lebewesen.

2.1. Weissagungen zur Verantwortung der Menschen

Ihr habt den Menschen gesagt, daß dies die vorletzte Stunde ist. Nun müßt ihr ihnen sagen, daß dies die letzte Stunde ist. Und es gibt manches zu bedenken: Was tut ihr? Wo lebt ihr? Wie sind eure Beziehungen? Seid ihr in richtiger Beziehung? Wo ist euer Wasser? Kennt euren Garten.
Es ist Zeit eure Wahrheit zu sprechen. Gestaltet eure Gemeinschaft. Seid gut zueinander. Die Zeit der einsamen Wölfe ist vorbei. Sammelt euch! Entlaßt Mühsal und Kampf aus Wort und Tat. Alles, was wir jetzt tun, muß auf heilende Weise vollbracht und gefeiert werden.
Wir sind diejenigen, auf die wir gewartet haben.
(Hopi)

Die (Ozon)Löcher im Himmel sind die unmittelbare Folge der Sünden der Menschheit und werden das Töten der Enkelkinder anzeigen. In dieser Zeit haben die Menschen noch die Wahl, ob sie weiter zerstören oder ob sie zurückkehren zur einfachen Lebensweise der Erde. Diese Warnung zeigt den Beginn einer möglichen Zukunft an, wenn die Menschen wieder nach den heiligen Regeln der Schöpfung leben. Menschen müssen sich

jedoch nicht nur für ihr eigenes seelisches Aufwachen einsetzen, sondern dieses Aufwachen auch in das Bewußtsein aller bringen, damit es eine Zukunft für die ganze Menschheit geben kann.
Beim dritten Zeichen, der Nacht der blutenden Himmel und Sterne gibt es nur noch Hoffnung für die Kinder der Erde – nur die, die sich von zerstörerischem Denken gereinigt haben und wahrhaftig mit der Erde verbunden sind, werden überleben.
(Apache – Stalking Wolf)

Die einzige Wahrheit, die wir mit in das neue Zeitalter nehmen ist das Wissen, daß wir uns lange darauf vorbereiteten und daß es unsere Verantwortung ist, der heiligen Wahrheit unserer Seele zu folgen. Jene, die sich allein fühlen, treibend auf einer riesigen Fläche einsamer Bewußtheit, doch vieles verstehend, wofür andere blind zu sein scheinen, werden einander finden.
Es ist an der Zeit, die Stille zu brechen, um die Zweischneidigkeit des Sehens zu wandeln. Wir haben dich in der Nacht gerufen, Mond, weil wir gekommen sind, das Ende des Wartens zu lernen.
(Ojibwae)

Spirituelle Bewußtheit ist die höchste Form, eine Gesellschaft zu gestalten. Wir müssen in Liebe und Achtung mit allen Wesen, im Einklang mit der Natur leben und verstehen, daß Ausbeutung nur zu unserer eigenen Zerstörung führt.
Wir sind verantwortlich für das Wohl der Nachkommen.
Wir müssen den Naturgesetzen folgen oder Opfer ihrer vollkommenen und höchsten Wirklichkeit werden. Es ist unsere heilige Pflicht und Verantwortlichkeit, Mutter Erde, die alles Leben hervor bringt, zu beschützen.
(Haudenosaunee)

Die Menschen werden sich schämen, wie sie die alles nährende Mutter Erde und ihre Geschöpfe behandelt haben.
(Onkwehonwe)

Diese Erde ist heilig. Jeder Ort dieser Erde ist heilig. Wir sind Teil dieser Erde und sie ist Teil von uns. Was der Erde widerfährt, widerfährt auch den Kindern der Erde. Wir wissen: die Erde gehört nicht den Menschen – Menschen gehören zur Erde. Alles Sein ist verbunden.
(Duwamish / Suquamish)

Es ist notwendig, daß die Menschen sich für die Erde verantwortlich fühlen und bewußt in Einklang, Liebe und Ehrfurcht mit allen Wesen leben.
(Chippewa)

Wenn wir weiter der Zerstörung folgen, wird Zerstörung kommen. Die Zeit ist vorüber, daß Menschen und Völker getrennt voneinander leben. Nur wenn wir mit Frieden und Liebe in unseren Herzen zusammenkommen, wahrhaftig verbunden mit der Erde und mit der höchsten Kraft, dann werden wir von den Schrecknissen der Reinigung, die jetzt vor uns liegen gerettet werden. Wir müssen uns zum Guten wandeln, uns mit den Menschen aller Farben vereinen und die Ursache allen Leides entdecken und aufstehen, um gemeinsam zu überleben.
Die fünfte Welt wird von den einfachen Menschen überall auf der Erde bereitet.
(Hopi)

Die große Kraft gab jeder der vier Rassen zwei Steintafeln. Die Steintafeln der roten Rasse werden von den Hopi in Arizona im Gebiet der Vier Ecken auf der dritten Hochebene aufbewahrt, die der schwarzen Rasse von den Kukuyu am Fuße des Mount Kenia, die der gelben Rasse von den Tibetern und die der Wei-

ßen werden in der Schweiz gehütet.
Wenn wir jegliche Uneinigkeit und Mißklang auflösen, muß die Menschheit nicht die dritte Erschütterung durchleben.
(Keetoowah / Cherokee)

Wir müssen uns alle bewußt miteinander vereinen. Dies ist die ursprüngliche Botschaft des heiligen-heilenden Kreises.
(Ojibwae)

Die vier heiligen Farben der Menschheitsfamilie müssen um des heiligen Friedens willen zusammenhalten.
(Haudenosaunee)

Menschen aller Rassen kommen zusammen, um die Welt wieder zu vereinen.
(Lakota)

Wenn die Menschheit nicht lernt, in Wahrheit und Liebe zu leben, wird sie hinweggefegt.
(Anasazi Nachkommen)

Die erste Lehre der Kraft ist, daß wir alle allein sind.
Die letzte Lehre der Kraft besagt, daß wir alle eins sind.
Wir sind alle einbezogen in den heiligen Tanz des Lebens, den wir gewählt haben. Unsere Leben sind uns gegeben zur Wahrung der heiligen Kraft der Liebe, die jedes Wesen belebt.
(Ojibwae)

Damit die Menschheit miteinander in Frieden und Liebe zu leben vermag, muß Herrschaft auf allen Ebenen unseres Seins beendet werden. Nur lebendige Gemeinschaft, in der die Einzigartigkeit aller Wesen geachtet und geehrt wird, bietet den Raum, um wieder bewußt miteinander in der Kraft des Allver-

bundensein zu leben. Wirkliches Leben braucht Wahrheit, Liebe, Weisheit, die Einheit von Wort und Tat, Sanftmut, Geduld, Ausgeglichensein sowie das Bewußtsein von Ursache, Wirkung und der beständigen Veränderung.
Daraus entsteht die Schönheit menschlichen Seins.

Hör die Erde in dir weinen ...

2.2. Weissagungen zur Kraft der Frauen

Am Ende dieses Jahrtausends wird der Einfluß von Frauen die gesamte Gesellschaft wandeln und die Menschheit vom Grunde her erneuern, aus der Einsicht heraus, daß sich alles Leben in inniger Verbundenheit auszudrücken vermag. Das Erinnern an natürliche (eingeborene) Zusammenhänge und Kreisläufe wird den Leib heilen. Die wundervolle Ausgewogenheit ihrer eigenen inneren Wirkstoffe verbindet und verbündet jede Frau mit dem Zeitmaß der Erde selbst.
Die Rückkehr zum echten Begreifen der regelmäßig wiederkehrenden Natur der Frauen wird die heilige Schöpfungskraft weiblichen Seins und die Weisheit ihrer Zauberkräfte wiederherstellen. Zauber ist weibliche Kraft. Nur durch diese Wandlung kann das Überleben der Menschheit gesichert werden. Diese Veränderung wird schwierig sein, doch alle werden dadurch gewinnen. Das Herz wird wieder am meisten bedeuten und Klugheit, wohl genutzt, vertreibt Gerissenheit.
Meer, Land und Menschen werden ihr gesamtes Sein verändern. Das heilige (Erb)Gut, das verborgen war (und allein) wird sich ändern. Wenige werden so bleiben wollen, wie sie sind. Notwendig ist die entscheidende Menge weiblichen/mütterlichen Geistes verbunden mit wahrhaftigem, ureigenen Willen und wirklicher menschlicher Reife.
(Nostradamus)

Der Übergang zwischen den Welten wird „Auftauchen“ genannt und durch das Labyrinth versinnbildlicht. Die Geburt ist die erste heilige Feier im Jahreskreis für das Keimen allen Lebens, die in der Kiva (im Mutterschoß) gefeiert wird, wenn die Plejaden hoch am Himmel stehen. Die letzte Zeit dieses Zeitalters, der Große Tag der Reinigung, ist beschrieben als geheimnisvolles Ei, welches in sich die Kräfte der Güte, der Sonne und der roten Kraft (Blut) trägt und die vollkommene Wiedergeburt oder völlige Zerstörung bringt.
(Hopi)

Die letzte Kostbarkeit, die uns geblieben ist, sind die heiligen Geheimnisse der Mütter. Wir müssen sie miteinander teilen und ehren, denn sie sind der Beweis dafür, daß es einen heilenden Weg gibt zu leben.
Überall auf der Erde gaben Frauen ihr Leben für den Schutz der heiligen Geheimnisse. Frauen fügen jetzt die Bruchstücke der Wahrheit zusammen. Frauen glauben wieder daran, ein Recht auf Ganzheit zu haben. Frauen aller Hautfarben kommen wieder als Schwestern zusammen, um ein Ganzes zu formen. Und diejenigen, die des Mutes, der Wahrheit und der heilenden Liebe bedürfen, werden wahrnehmen, daß sie in uns allen zu finden sind und von der heiligen Wahrheit der Frauen genährt werden.
(Nuchanultz-Frauengeheimbund)

Die heilige Weisheit der Völker der vier vergangenen großen Zeitalter befindet sich im Reich des Todes und muß zu Beginn des fünften Zeitalters von der gefiederten Schlange (Quetzal-Coatl) wiedergefunden werden. Dies ist die Geburt des fünften Zeitalters der Gefühle auf der Erde.
Die Kraft des heiligen Mondblutes des Mutterschoßes verbindet alle Bruchstücke des heiligen Wissens wieder miteinander, wodurch die Heilung aller Wunden und die gemeinsame Rück-

kehr der Menschheit in die heilige Ordnung allen Seins bewirkt wird.
(Tolteken)

Um im Einklang auf Mutter Erde zu leben, bedarf es des Bewußtseins der allmütterlichen Kraft, das in dieser Zeit der Zerstörung ebenso fehlt wie die bewußte Offenbarung der weiblichen Schöpfungskräfte. Alle Offenbarungen entstammen der allmütterlichen Kraft. Das erste Gesetz von allen besagt, daß alle Kraft von den Frauen kommt. Das zweite Gesetz verlangt, die Kinder immer zu schützen. Frauen behüten das Leben der Menschheit zu jeder Zeit.
(Ojibwae)

Das Zeitalter der Maat bringt Wahrheit und Gerechtigkeit zur Menschheit zurück.
(Margarete Ingalls)

Die Geburt eines weißen Büffelkuhkalbes ist das Zeichen für die Rückkehr der Weißen Büffelkalb-Frau, die dann kommen wird, um die Welt zu reinigen und wieder spirituellen Einklang und Gleichgewicht für die Menschheit zu bringen.[20]
(Lakota)

Frauen sind die Mütter der Schöpfung, die wirklich und wahrhaftig Leben geben. In der heiligen Dunkelheit des Mutterschoßes tragen sie die uralten Zeichen der gesamten Schöpfung. Sie sind die Seinskraft des Lebens und das heilige Band, das Himmel und Erde verbindet. Die fruchtbare Leere, die Dunkelheit und das Licht der Schöpfung sind sicher bewahrt

---

[20] Am 25.12.1994 wurde auf dem Gebiet der Lakota ein weibliches weißes Büffelkalb geboren. Laut Wissenschaft war die Möglichkeit dafür geringer als 1:10 Millionen.

im Leib der Frauen. Frauen brauchen Stärke, Empfindsamkeit, Unterscheidungskraft und Hingabe, um die ihnen anvertraute heilige Weisheit wieder bewußt zu kennen und sie verläßlich vor jeglichem Mißbrauch zu schützen. Bestimmte Opfer müssen gebracht und bestimmte Verbindungen müssen geknüpft werden, und es gibt eine Dringlichkeit – auch wenn alles in der eigenen Zeit geschieht. Frauen brauchen Wahrhaftigkeit und Mut, um die ihnen eingeborene Schöpfungskraft und Weisheit sowie ihre Verantwortung für die Heiligkeit des Lebens wieder bewußt wahrzunehmen. Nur dann vermag Heilung zu geschehen und die Kraft der Liebe freigesetzt zu werden, die das heilige Geheimnis der Frauen ist – die größte Kraft der Schöpfung. Nur diese heilige-heilende Liebe vermag die Zerstörung zu wandeln.
(Sheik Llewellyn Vaughan-Lee – Sufi)

Die Großmutter der Schöpfung, sie, die alles Leben geschaffen hat, sie, die von den Menschen vergessen wurde, sie ruft uns. Sie ist traurig, daß die Menschen vergaßen, wer sie ist. Durch Weissagungen und Eingebungen kehrt sie in unser Bewußtsein zurück. Sie bringt uns tiefe Zuneigung, großes Mitgefühl und die uralte mächtige Form von Liebe, die die Menschen heute verlernt haben. Diese rein weibliche Kraft wird sowohl in Frauen wie auch in Männern wieder aufwachen und zwar durch eine Geschichte, die unsere Herzen wiedererkennen, wenn wir sie hören. Die Rückkehr der Großmütter wird seit Hunderten von Jahren vorhergesagt. Viele Völker hatten Eingebungen vom Rat der Großmütter, die sich versammeln, weil das Ende der Welt naht. Die Großmütter wollen uns lehren, wieder ein Leben im Gleichgewicht zu führen. Für diejenigen, die die notwendige Veränderung in ihrem Herzen vollziehen, werden damit tausend Jahre des Friedens beginnen.
Die Großmütter lehrten uns, daß die Zeit in der geistigen Welt nebeneinander besteht, so daß wir die Zukunft zu sehen vermö-

gen. Die Großmütter sagen, daß wir wieder lernen müssen, einander zu lieben.
Die Menschen, die überleben werden, sind diejenigen, die das Leben lieben, achten und auf jede Weise bejahen.
Wir müssen den Willen aufbringen, unsere Lebensweise und all unsere Handlungen für das Wohl der Schöpfung bewußt zu verändern.
Die Überlebenden werden Menschen mit einer ganz neuen Bewußtseinsebene sein, die sich öffnen und wahren Austausch mit der Erde und allen Wesen leben.
Bei den Maya versinnbildlicht die Jaguar-Frau die Kraft des Weiblichen. Auf ihrem Rücken trägt sie das gesamte All und ist selbst furchtlos, freundlich, leidenschaftlich, klug, schön und schnell.
In den mündlichen Überlieferungen der Völker Mittelamerikas heißt es, daß in dieser Zeit der Veränderungen und der Umwandlung die Frauen die Völker führen werden. Die Frauen werden den Zeichen der Schöpfung zuerst folgen und sich vor den Männern wandeln, jedoch zunehmend von ihnen unterstützt werden.
Frauen vermögen mehrere Dinge gleichzeitig zu tun. Frauen tragen das uralte Wissen der Schöpfungskraft tief in sich. Ihr Leib folgt den Wandlungen von Mond und Sternen, so daß ihre Weisheit mit den Himmeln selbst verbunden ist. Frauen tragen die eingeborene Weisheit der heiligen Regelmaße von Geburt, Leben und Tod. Frauen sind die Schöpfenden des Lebens, die die Saat der Zukunft der Menschheit in sich tragen. Sie sind allwissend und müssen stark sein und sich unter dem Schutz der vier Himmelsrichtungen von ihrer eingeborenen Macht und ihrem Wissen leiten lassen.
Diese Welt steht kurz vor ihrer Auslöschung, deshalb ist es höchste Zeit, daß die Frauen die ihnen anvertraute Kraft nutzen, um Frieden und Einklang für alle zu bewirken. Wenn Frauen und Männer diese starke, alles wandelnde Kraft der

bedingungslosen Liebe freisetzen, dann werden Heilung und Veränderung möglich sein. Die Heilung des eigenen Selbst ist der erste Schritt, um die Welt heilen zu können. Frieden und Heilung werden tief in unseren Herzen ihren Anfang finden, wenn wir uns öffnen und der Führung unserer Ahnen lauschen.
Das Wohl der Menschheit beruht auf der Weisheit der Frauen. Wenn Menschen getrennt von der heiligen Weiblichkeit und Mütterlichkeit sind, dann sind sie auch getrennt vom heilenden Bewußtsein, der Nächstenliebe, dem Mitgefühl und der heiligen Liebe selbst, die Grundlagen jeder liebevollen Beziehung, jeder Familie und Gemeinschaft sind.
Frauen wissen um das unauflösliche Verbundensein aller Wesen, denn der Ursprung von allem liegt in den Beziehungen. Die Verflochtenheit zwischen der menschlichen und der geistigen Welt bringt heilende Geschenke: das Gefühl gesehen, geliebt, gehört und geachtet zu werden und die Fähigkeit, sich selbst und andere zu lieben. Sich selbst zu lieben und zu achten ist die Grundlage, auch andere Menschen und Wesen zu lieben und zu achten.
Frauen müssen wieder Bündnisse schaffen und einander dadurch stärken, die ihnen anvertraute Weisheit miteinander teilen, um die Gesundheit der Erde und der Menschheit zu bewahren. Sie müssen in die gewaltige Kraftquelle eintauchen, die in ihnen liegt und damit die Wiederkehr weiblicher Macht bewirken, die eine Macht für das Leben (nicht über das Leben) ist. Diese alles wiederbelebende Kraft entspringt der mächtigen allumfassenden Spiritualität, die auf der Verehrung unserer Mutter Erde und dem gemeinsamen Bewußtsein der Heiligkeit und der Verflochtenheit allen Lebens beruht. Die vereinte schöpfende Kraft der Frauen wird die unbezwingbare Macht des Guten sein und die Erde wieder in ein Paradies verwandeln.
Wenn wir unsere Herzen öffnen und die Weisheit des Alls empfangen, werden wir Stille und Ehrfurcht lernen. Wir besitzen

nichts. Auch die Erde gehört nicht der Erde. Wir sind alle hier, um dem All zu dienen.
Wir können den Kreislauf von Gewalt auf der Erde nicht verändern, wenn wir nicht auch die Peiniger heilen. Wir müssen die Schmerzen der Vergangenheit aufrichtig bezeugen, um die zugrundeliegenden Wunden heilen zu können. Zorn vermag Veränderungen zu bewirken, da mit dieser Kraft die Heiligkeit des Lebens geschützt werden kann.
Nur wenn wir unsere Vergangenheit kennen, verstehen wir auch die Wirkungen unserer Handlungen in der Gegenwart. In Frieden zu leben ist eine große Herausforderung, die der Aufrichtigkeit, des Mitgefühls und der Güte bedarf.
Auch die Kraft der Sterne wird in dieser Zeit der Wandlung die Völker leiten.
(Rat der 13 Großmütter)

Einsichten zur Kraft der Frauen

Wir vermögen die durch Herrschaft verursachten Wunden der Schöpfung auf der Erde nur mit dem wahren Bewußtsein weiblich-allmütterlicher Kraft zu heilen. Damit die heilende Wandlung der Menschheit möglich wird, müssen Frauen die ihnen zugefügten Wunden heilen.
Frauen sind die Entscheidenden, die Endgültigen. Frauen teilen miteinander die Leiden des ihnen zugefügten Schmerzes, aber auch die Kenntnis ihrer wahren Kraft. Die heiligen Kreise der Frauen sind das Herz jeder lebendigen Gemeinschaft.
Die heiligen Kreise der Männer finden ihre ureigene allmütterliche Kraft durch die liebevolle Hingabe ihrer Lebenskraft für das Bewahren der Schöpfung.
Nur das wirkliche Freisein und die wahre Selbstbestimmung aller Frauen bringen die heilige-heilende Kraft liebevoller und verantworteter Mutterschaft als Quelle allen Lebens zur

Menschheit zurück. Darin liegt die Saat für die glückliche Zukunft aller.

Männer sind dafür verantwortlich, wieder eine das Leben bewahrende Vaterschaft zu verwirklichen.

Um die Zukunft verläßlich mit zu verantworten und mit zu gestalten bedarf die Menschheit der Schöpfungskraft der Frauen sowie der bewußten allmütterlichen Kraft in allen Menschen.

Überall auf der Erde behüteten und bewahrten Frauen die heilige Weisheit der Schöpfung und des Lebens vor der Zerstörung durch Herrschaft. Was in Liebe anvertraut ist, wird auf immer in der Seele bewahrt. Diese Wahrheit gehört allen Frauen und dient der Heilung aller Wunden.

Frauen vermögen die jetzt kommenden Veränderungen auf der Erde mit den Augen des Wunders zu sehen. Diese notwendigen Veränderungen bedürfen unseres Mutes und verlangen, jeden Augenblick miteinander in Liebe und Wahrheit zu leben.

Wir werden endlich wieder verstehen, woher wir kommen, um zu wissen, wohin wir gehen: Frauen aller Zeiten sind unsere Großmütter, Mütter und Schwestern mit ihrem heiligen, lebengebenden Schoß und ihren nährenden Brüsten. Wir ehren und feiern ihre Leben. Sie halten die Himmel und verbinden uns mit der Erde: Wir sind alle heilige Töchter und Söhne der Allmutter selbst.

Die Veränderungen haben begonnen, die uns zum Licht über den Wassern führen, in denen unsere Kinder mit den Delphinen in völligem Einklang spielen.

Dies ist die Zeit, in der uralte Weissagungen wirklich und offenbar werden. Dies ist die Zeit der Heilung des Allverbundenseins, es ist die Zeit der Heimkehr zu den Müttern.

2.3. Weissagungen zur spirituellen (geistig-seelischen) Kraft

Es gibt eine Kraft, die anders ist als die Kraft, in der wir täglich leben. Es ist die Kraft, die uns das Schweben lehrte, durch die wir unsere Leiber verlassen und wie Singvögel fliegen können. Es ist die Kraft, die es Alte Frau möglich macht, Nebel zu sein, auf dem Wind zu reiten oder durch die Alte Frau zu sprechen. Diese Kraft gibt es seit langer Zeit, in mehr Welten als dieser, auf mehr Erden als dieser.
(Nuchanultz-Frauengeheimbund)

Wenn das zweite Zeichen der Zerstörung (Himmelslöcher) erscheint, kann die Menschheit und die Erde nur durch spirituelle Kraft geheilt werden, um die Gefahr für die Zukunft der Menschheit abzuwenden.
(Apache – Stalking Wolf)

Die Menschheit kann gerettet werden durch Rückkehr zu einem wahrhaft spirituellen Leben.
(Arthur Conan Doyle)

Die ursprüngliche Schöpfung muß verbunden sein mit der Gesamtheit des Bewußtseins. Eine Wiedergeburt muß stattfinden, damit diese Aufgabe verwirklicht werden kann. So wie sie vorhersagten, daß sich die Pole der Erde in naher Zukunft verändern, so verändert sich auch Wirken der Kräfte.
Die Menschheit hat noch einmal die Möglichkeit, sich für ein Leben im Einklang zu entscheiden. Nur die Liebe vermag die Zerstörung zu heilen, die die Menschheit nun selbst zu vernichten droht. Menschen vergaßen zu fließen. Den Fluß der Seele zu finden bedeutet frei zu sein. Die sich dem Lebensfluß anvertrauen gehen dem Verletzenden und dem Zerstörenden mit einer Kreisbewegung aus dem Weg.
(Ojibwae)

Der Fluß (der Kraft) fließt jetzt sehr schnell. Er ist so stark und reißend, daß es jene gibt, die sich fürchten. Sie versuchen sich am Ufer festzuhalten und spüren, wie sie zerrissen werden und sie werden sehr leiden. Wisset, daß der Fluß seine Bestimmung hat. Die Alten sagen, daß wir das Ufer loslassen und uns abstoßen müssen, hin zur Mitte des Flusses. Wir sollen unsere Augen offen halten und unsere Köpfe über Wasser. Seht, wer mit euch darinnen ist und feiert! In dieser Zeit der Geschichte können wir nichts persönlich nehmen, am allerwenigsten uns selbst. Wenn wir dies tun, kommen unser seelisches Wachstum und unsere Lebensreise zu einem Halt.

Das Ausmaß der reinigenden Naturgewalt wird bestimmt durch das Ausmaß der Ungerechtigkeit unter den Menschen sowie der Natur gegenüber.
Wenn wir aus der Kraft unserer Herzen in spirituellem Einklang leben, entsteht das Paradies in dieser, unserer Welt.
Gemeinsam vermögen wir die Welt im Gleichgewicht zu halten.
Spirituelle Kraft vermag zerstörende Dinge und Kräfte aufzulösen und die Menschheit in Liebe zu einen.
(Hopi)

Wenn die Menschheit in Liebe und Achtsamkeit lebt, hat dies Einfluß auf das Ausmaß der bevorstehenden Reinigung (durch Überschwemmung).
(Maya)

Wir müssen die Religionen der Welt vereinen zu einer spirituellen Kraft, die stark genug ist, Frieden zu bereiten. Es reicht nicht, Frieden zu fordern, wir müssen friedlich handeln, friedvoll leben, in Frieden verbunden mit allen Menschen. Wir sind die spirituelle Kraft, die tausendmal stärker ist als die Atomkraft.
(Haudenosaunee)

Menschen, die geistig rein sind und die sich nähernden Kräfte des Alls annehmen, werden fähig sein, in dieser menschlichen Reinigung bewahrt zu sein.
(Yellow Knife)

In der Vorahnung der Zeit, wenn die Schlange auftaucht in den Wassern, die nur von der Mond(in) gebrochen sind ...
Eine Zeit der Veränderung ist eingeleitet. Bald werden sich alle heiligen Kreise miteinander verbinden und ein Netz um Mutter Erde formen, um sie während ihrer Reinigung zu unterstützen.
(Ojibwae)

Die Verwirklichung der anvertrauten zehn Geheimnisse wird das Leben der Welt verändern. Die Menschen werden wieder glauben wie in uralten Zeiten.
Gemeinsames Beten und Fasten kann Kriege verhindern und vorübergehend sogar Naturgesetze außer Kraft setzten.
(Mutter Maria)

Es braucht nur 60.000 erleuchtete Menschen, damit die Kettenreaktion beginnt.[21]
(buddhistisch)

Die Welt braucht für die Heilung 144.000 Gerechte.[22]
(christlich)

Ein fallender Baum macht mehr Lärm als ein wachsender Wald.
(tibetanisch)

---

[21] 60.000 = 1/100.000 von 6.500 Millionen Menschen = 0,001%
[22] 144.000 = 1/50.000 von 6.500 Millionen Menschen = 0,0022 %

2.4. Das Goldene Zeitalter
Weissagungen zur neuen Welt, zur neuen Zeit

Das Ende der 5. und der Beginn der 6. Sonne liegt zwischen Juni und Dezember 2012. Die Welt wandelt sich 2012 grundsätzlich durch Verbindung mit der Mitte der Milchschlange, die einen Weg für kosmische Kraft öffnet und die Erde mit all ihren Geschöpfen reinigt und auf eine höhere Ebene hebt. Am 23.12.2012 beginnt das fünfte Zeitalter des Lichtes, das unsere heutige tiefe Finsternis durch Liebe wandelt.
(Maya)

Es gibt 2012 die Möglichkeit eines Goldenen Zeitalters des Einklangs und des Friedens, in dem sich die obere und die untere und die irdische Welt vereinen.
(Inka)

Durch die Wandlung der Kräfte von Geist, Herz und Geschlechtlichkeit entsteht 2012 eine neue menschliche Rasse und von 2024-2029 findet der Übergang in die 5. Ausdehnung (Dimension) statt. Quetzalcoatl, „die (gefiederte) Himmelsschlange“, kehrt am Ende der 13 Himmel auf die Erde zurück.
(Maya – Azteken)

Fünf Wandersterne bilden eine Linie und leiten reinigende Kräfte zur Erde.
(Anasazi-Nachkommen)

Die neue Form der Erdmutter wird aus den Träumen ihrer Getreuen genährt und verwirklicht werden. 2013 beginnt die fünfte Welt des heilenden Bewußtseins. Mit ihr enden die Prüfungen der Menschheit wie auch die von ihr verursachte Gewalt gegenüber anderen Lebewesen. Das Versprechen der fünften Welt ist bewußtes Leben, aus dem die Einheit entstehen wird,

die solange gesucht wurde. Wenn die Menschheit ihr Gleichgewicht findet, wird das heilige Wissen, das ihr Wachstum leitet, zur Stelle sein. Jeder menschliche Gedanke hat schon immer Gültigkeit besessen und spiegelt das innere Begehren der Erdenfamilie, neue Bewußtseinsbereiche zu gestalten.
Diese Welt des heilenden Bewußtseins wird tausend Jahre vollkommenen Frieden bringen für all jene, die der Erdenfamilie ihre Hilfe gewährten. Diese Menschen werden der Regenbogenstamm genannt, denn sie sind Nachkommen der über hunderttausendjährigen Vermischung der fünf ursprünglichen Rassen. Diese Kinder der Erde sind nun zusammengerufen, ihre Herzen zu öffnen und die Trennungen zu überwinden. Ihr Zeichen ist der wirbelnde Regenbogen des Friedens, der die Einheit der fünf Rassen bezeugt. Die Fähigkeit der Regenbogenkinder ist es, miteinander und mit all ihren Geschwistern in Frieden zu leben. Sie wollen die Erde nicht für ein anderes Zuhause verlassen – sie sind hier, um aus der Kraft ihrer Wahrheit den heiligen Tanz des Lebens auf Mutter Erde zu tanzen.
Die Gemeinschaft der fünften Welt wird alle Verwandten der Erdfamilie einschließen.
(Seneca)

Wenige Menschen werden in kleinen Gruppen überleben und die Menschheit wieder neu werden lassen. Land wird aus dem Meer aufsteigen: es wird sauber, weich und trocken sein – die neue Heimat der Menschheit.
Bevor die Menschheit neu entsteht, ist eine silberne Schlange zu sehen, die unbekannte Menschen ausspeit, die den Geist der künftigen Menschheit erleuchten und mit Liebe befruchten. Diese Menschen werden sich mit den bisherigen Menschen verbinden und die Kinder mit der zweiten Sicht beschenken.
So wird die Menschheit demütig und anmutig werden und das Goldene Zeitalter wird beginnen.
(Mutter Shipton)

Danach werden neue Himmel und eine neue Erde dem Meer entsteigen. Die neue Erde wird Fülle tragen und von selbst Früchte hervorbringen – ohne jegliche Mühe oder Pflege.
Übel und Not werden nicht mehr gekannt und die Menschheit wird im Einklang mit der höchsten Kraft glücklich zusammen leben.
(Ragnarök[23] – altnordisch)

2.5. Auskünfte der Grenzwissenschaften
Die „galaktische Synchronisation"

Laut Tzolkin, dem heiligen Maya Kalender, wandert die Sonne für den Zeitraum von 5.125 Jahren – von 3113 v.u.Z. bis 2012 u.Z. – mit den sie umkreisenden Planeten durch einen pulsierenden Strahl aus der Mitte der Milchstraße. Die Maya glaubten, daß es dadurch auch auf der Erde zu umwälzenden Veränderungen kommen würde. Dies bewirkt eine Übereinstimmung mit den Raum-Zeit-Schwingungen der Milchstraße. 2012 werden beide Erdpole verbunden und es kommt zu einer Höherentwicklung der Menschheit. (Jose Arguelles)

Die Pyramiden von Gizeh

Diese Pyramiden[24] sind ein maßstabsgetreues Abbild der drei Sterne des Orion-Gürtels. Acht Kilometer nördlich von Gizeh, was dem Maßstab entsprechend die Position des Sirius anzeigt, befindet sich angeblich die bislang vermißte „Kammer der Aufzeichnungen", die von zwölf weiteren Kammern umgeben ist. In dieser mittleren Kammer befindet sich eine kleine Pyramide, die Weisheiten der Menschheitsgeschichte enthält sowie

---

[23] altnordisch: „Ursprung der höchsten Kraft"
[24] griech.: „pyr a mid" = „Feuer in der Mitte"

Mitteilungen, die die Menschheit für das 2012 beginnende fünfte Zeitalter vorbereiten.
Es wird angenommen, daß die Mittelkammer am 21.12.2012 um 10:18:13 p.m. geöffnet werde. (Nigel Appleby)

Informationsverdoppelung

1990 brauchte es 18 Monate für die Verdoppelung von Information[25] in der Menschheit. Für die ersten sechs Monate in 2012 wird eine tägliche und für die letzten sechs Monaten sogar eine stündliche Informationsverdoppelung erwartetet. Wenn dies zutrifft, dann werden sich 2013 die Informationen jede Sekunde verdoppeln![26] (Robert Anton Wilson)

Die Biochemie galaktischer Verbundenheit

Alle biologischen, chemischen und radioaktiven Vorgänge werden von den Sternen und der Sonne beeinflußt. Das bedeutet, daß die jeweilige Ausrichtung der Erde zur Milchstraße verschiedene biologische, chemische und radioaktive Folgen hat.
Das Zusammenwirken des geomagnetischen Erdfeldes mit dem der Sonne und der Milchstraße beeinflußt also unsere Biochemie und damit auch unser Bewußtsein. Die Verbindung der Erde mit der Mitte der Milchstraße, dem galaktischen Zentrum, im Jahre 2012, könnte die menschliche Fähigkeit der Eingebung deutlich steigern. (Simon Shnoll)

---

[25] lat.: „in Gestalt bringen"

[26] Die entsprechende Exponential-Kurve ähnelt derjenigen der Bevölkerungszunahme der Menschheit.

Die elf Tore

Vom 11.01.1992 bis zum 11.11.2011 öffnen sich 11 Tore, die den Eingang in das neue Zeitalter bilden. Es gibt einen vorverschlüsselten Auslöser in unserem Zellgedächtnis, doch zuerst geschieht die Heilung des Herzens, die sich dann ausdehnt. (Solara)

Die heilige Hochzeit von Erd- und Himmelskraft

Sonne, Erde und die anderen Planeten verfügen über Kraftorte[27] und sind darüber hinaus selbst Kraftorte der Milchstraße, der sie angehören.
Die Schlange der heiligen Kraft liegt in 3½ Windungen an der Wurzel unseres Leibes aufgerollt.[28]
Unterirdische Wasseradern sollen im allgemeinen sieben Windungen oder ein Vielfaches davon – höchstens aber 49 Windungen – aufweisen.
An heiligen Stätten treffen sich die zwei Pfade der Kraft in den „blinden“ Quellen.
Die kommende Verbindung/Ausrichtung von Planeten in der Milchstraße wird die Schlangenkraft durch uns hindurchfließen lassen, wodurch uns ein höheres Bewußtsein zuteil wird.
Alle 36 Jahre öffnet sich ein Fenster der Möglichkeiten der Entwicklung, das letzte 1993-2012. Dieser 19-Jahreszeitraum entspricht der Zeit, die die Wintersonnenwendsonne braucht, um den weitesten Umfang unserer Milchstraße – den „galaktischen Äquator“ – zu überqueren.

---

[27] „Chakren“ von skr.: „Chakra“, Rad oder Kraftwirbel
[28] vgl. „Kundalini“: skr.: aufgerollt

Das heilige (goldene) Maß – Phi: 1,6180339

Dieses heilige Maß bestimmt die Stofflichkeit/Leiblichkeit aller Wesen im All, von der Milchstraße bis hin zum Erbgut (DNS) und atomaren Teilchen.
Die sogenannte Fibonacci-Folge beginnt mit 0 und 1, die nächste Zahl entsteht jeweils durch hinzufügen der vorherigen: 0,1,1,2,3,5,8,13,21,34,55,89,114, …
Aus den Fibonacci-Serien entstehen Spiralen, die wir in Nautilusmuscheln, Pinienzapfen, Ananas, Sonnenblumen bis hin zur Struktur der Milchstraße sehen können.
In der Mitte der Milchstraßenwindung[29] befindet sich das weiße Loch der Zeit. Am 21.12.2012 gibt es eine Implosion der Phi-Spirale, die grundsätzliche stoffliche Wandlung bewirke.

Möglichkeiten der Kraft

Überall auf der Erde haben Menschen im Großen wie im Kleinen dem Wirken der Kraft auf den verschiedenen Ebenen des Seins ihre Aufmerksamkeit gewidmet und sich bemüht, die darin enthaltenen Möglichkeiten für uns Menschen zum Wohle des Ganzen zu verstehen. Nachfolgend eine Auswahl besonderer Kräfte und ihres Wirkens.

Neolithisches Erdnetz

Die Erde umspannende Kraftlinien wurden vom Engländer Alfred Watkins als „Ley Lines“ bezeichnet, was sich von der beobachteten Aufreihung englischer Ortschaften mit der Endung „leigh/-ley“[30] ableitet. Dieses Kraftliniennetz ist ein Überbleib-

---

[29] vgl. griech.: „helix“, Windung, Spirale
[30] altengl.: Lichtung

sel eines Netzes schamanischer Flugverbindungen, auf denen sich die heiligen Hügel, Steinkreise, stehende Steine und andere heilige Stätten auf den oberen geraden Linien befinden.
Die chinesische Kultur bezeichnet diese Linien als Drachenströme.
Bei den kolumbischen Kogi werden die Schaman(inn)en und Seher/innen noch heute „Mamas“ genannt. Sie lernen als Kinder, sich auf Aluna, den Geist der Erde, einzuschwingen. Nach Berichten der Kogi sind im Laufe der letzten Jahrhunderte immer weniger Menschen auf den Geistwegen gewandert, auf denen sich in alten Zeiten die Menschen verschiedener Völker begegnet seien. Jetzt seien die Geistwege gänzlich verlassen.
(Alan Ereira)

Das Traumauge – Die Zirbel/Traum-Drüse[31]

Neben unserem 1. Auge, der Hypophyse[32], das die Kraft des inneren Sehens hält, und unserem 2. Auge(n), mit denen wir die sichtbare Welt wahrnehmen, gibt es das 3. Auge, das „Traumauge“. Es mißt das Verhältnis von Licht und Dunkel, die Zeitmaße der Natur, den täglichen Sonnenlauf, den Mondumlauf, die Jahreszeiten, den 11,3-Jahres-Sonnenflecken-Zyklus und andere Sternenkreisläufe. In Abhängigkeit der von der Netzhaut aufgenommenen Lichtmenge regelt es die Ausschüttung von Wirkstoffen durch das „Abschalten“ ihrer Herstellung. Die Hypophyse regelt das „Einschalten“.
Die Traumdrüse ist einbezogen in die Anregung der Entwicklung zur Geschlechtsreife[33]. Um das 11. Lebensjahr entwickelt sich unser Richtungssinn, der bei Mädchen sehr genau, bei Knaben weniger gut ausgeprägt sei. Die zur Geschlechtsreife

---

[31] lat.: „Glandula pinealis“
[32] gr.: „hypóphysis“: das unten anhängende Gewächs
[33] Pubertät, von lat.: „pubertas“

beginnende Verkalkung der Zirbeldrüse ist möglicherweise die Voraussetzung für ihre elektromagnetische Empfänglichkeit. In der Zirbeldrüse befinden sich Magnetiteinlagerungen.[34] Außerdem gibt es Magnetitlager in den Keil- und Siebbeinzellen der Nasennebenhöhlen, mit denen ebenfalls magnetische Felder wahrgenommen werden können. Bei Menschen mit Eisenmangel sollen diese Magnetiteinlagerungen fehlen.

Zusammen mit Serotonin und Melatonin werden in der Zirbeldrüse und in der Netzhaut auch Beta-Karboline hergestellt, die starken Traumwirkstoffen, den Harmala-Alkaloiden, entsprechen. Dunkelheit regt die Zirbeldrüse zur Ausschüttung des Traumwirkstoffes Melatonin[35] an, wodurch die zirbeldrüseneigenen Traumstoffe ansteigen (Pinolin und 5-meo-DMT). Nach 4-7 Tagen und Nächten im Dunkeln treten innere Bilder auf, nach 10-12 Tagen und Nächten entwickelt sich eine Sehfähigkeit im infraroten und infravioletten Bereich, die es ermöglicht, die Wärmeabstrahlung anderer Wesen sowie innere Bilder als scheinbare Wirklichkeit im Außen sowie die Sprache der DNS wahrzunehmen. Dunkelraumrückzug verlangt rohe, tryptophanreiche Nahrung als Rohstoff zur Melatoninherstellung (Tryptophan wird beim Kochen zerstört) sowie Verzicht auf Milcherzeugnisse, Alkohol und Drogen. Bei Grenzerfahrungen wie Geburt, Lebensgefahr, Nahtod, Tod sowie in mystischen Zuständen stellt die Zirbeldrüse methylierte Tryptamine und mindestens zwei Beta-Karboline (= Pinoline) sowie DMT und 5-meo-DMT her.

Die zunehmenden Veränderungen des elektromagnetischen Feldes der Erde mit Neigung zur Umkehrung könnten zu einem durch die Pinoline angeregten plötzlichen Anstieg geistiger Fähigkeiten sowie zu einem Aufwecken der Schlangenkraft („Kundalini“) führen und damit zu heilender Eingebung und Bewußtwerdung („Erleuchtung“).

---

[34] natürlich vorkommendes magnetisches Eisenoxid

[35] gr.: „mela“, dunkel, schwarz; „tonos“, Spannung

Auch die Maya benutzten Halluzinogene (Psylocibinpilze und Krötengift), die dem DMT der Zirbeldrüse ähnliche Wirkstoffe enthalten.
Die Verbindung der Sonnenwendsonne 2012 mit dem galaktischen Äquator nahe des galaktischen Zentrums („Milchschlangenmitte") wird das galaktische Traumauge strahlen lassen und unsere menschlichen Traumaugen (Zirbeldrüsen) in ihrer wirklichen Weisheit wiederherstellen. Die menschliche Zirbeldrüse ist die spirituell-schöpferische Mitte des Leibes, die innere heilige-heilende Ausgewogenheit von Licht und Dunkel. Durch unzureichendes Genährtwerden hat sie sich zurückgebildet.
Die Zirbeldrüse ist einbezogen in Bewußtseinsveränderungen zu einem möglichen Psi-Zustand, der die Zukunft eines neuen Gehirns darstellen könnte. Die Anregung der Traumkraft der Zirbeldrüse bewirkt die Vereinigung und die Einheit mit allen Wesen, mit allem Sein (All-Eins-Sein).

Leere-Gebiete

Normalerweise befinden sich positive und negative Massen im Gleichgewicht, wodurch eine Leere[36] im All insgesamt die Masse Null hat und der Schwerkraft entgegengesetzte Kräfte keine wesentliche Rolle spielen. Wird dieses Gleichgewicht jedoch über längere Zeit durch ein Mißverhältnis zwischen positiven und negativen Massen verletzt, dann sind plötzlich die uns bekannten Naturkräfte wie Elektrizität und Schwerkraft[37] aneinander gekoppelt. Dmitrijev und Djatlov nennen einen solchen Bereich eine Vakuum-Domäne. Das bedeutet: Innerhalb solcher Leere-Gebiete könne sich Schwerkraft in Elektrizität wandeln und umgekehrt.

[36] Vakuum, von lat.: „vacuus", leer
[37] Gravitation, von lat.: „gravitas", Schwere

Nach Tornados[38] wurde der „Hutchinson-Effekt“ beobachtet: Kiesel, die Glas durchdringen ohne es zu zerbrechen, in Fensterscheiben eingeschlossene Strohhalme, eine Eisenplatte durchdringender, unversehrter Kiefernstock, etc.
Merkmale eines Tornados sind: Drehung, Lichtabgabe und ein starkes Magnetfeld, das auch elektrische Gerate außer Kraft setzt. Außerdem wurden in Tornados Lichtbälle beobachtet.
Es besteht eine Verbindung mit Kugelblitzen, Erdbebenlicht, Poltergeistlicht, natürlich selbstleuchtenden Objekten (Plasmoide) und Plasmablitzen („Red sprites“). All diese Erscheinungen werden häufiger an Sonnenaktivitätsgipfeln gesehen. Bei hoher Sonnenausstrahlung („Solaremission“) ist die Wahrnehmung elektromagnetischer Kräfte verstärkt möglich – unser magnetischer „Hirnschalter“ wird angeregt.
Es gibt Hinweise, daß bestimmte Zeiten von Sternenanordnungen verbunden mit Klängen, Licht und Versenkung/Meditation den Weg öffnen, um bislang schlafende Gene in unserem Erbgut anzuregen.

Kornkreise

Seit ungefähr 100 Jahren entstehen Kornkreise mit zunehmender Häufung und in immer mehr Ländern der Erde, von anfangs einfachen Kreisen bis hin zu umfassenden Mustern, die heiliges Wissen von Mathematik[39], Geometrie[40], Astronomie[41], Biologie[42] u.v.a.m. widerspiegeln. Es besteht die verbreitete Ansicht, daß die Kornkreise Botschaften für die Menschen in dieser Zeit übermitteln.

---

[38] span.: „tornar“, drehen, wirbeln
[39] gr.: „mathematikos“, lernbegierig, wissenschaftlich; gr.: „mathema“, das Gelernte, die Kenntnis
[40] altgr.: Erdmaß
[41] gr.: „ástron“, Stern, und „nómos“, Gesetz
[42] altgr.: „bíos“, Leben, und „lógos“, Lehre

Vorhersagen durch Nahtoderfahrungen

Dannion Brinkley wurde 1975 beim Telefonieren vom Blitz getroffen. Er empfing in dieser Todeserfahrung ungefähr 300 Mitteilungen. Von den zeitlich bislang 117 fälligen Vorhersagen sind 100 eingetroffen. Grundsätzlich wird es deutliche Veränderungen der Erde durch Veränderungen des Alls geben. Zwischen 2011 und 2012 soll eine Kraftverbindung (Energiesystem) zurückkehren, die schon vor langer Zeit auf der Erde gewesen sei. 2012 wird sehr schlimm werden, doch das spirituelle Bewußtsein der Menschheit wird sprunghaft steigen.
Cassandra Musgrave hatte 1974 eine Nahtoderfahrung beim Wasserskifahren. Große Veränderungen werden auf der Erde geschehen, insbesondere in der Zeit zwischen 1992 und 2012: Erdbeben, Fluten, und Stürme, die besonders die Ostküste der USA betreffen werden. Japan soll im Meer versinken. Drei Tage lang wird Dunkelheit die Erde bedecken
Phyllis (P.M.H.) Atwater hatte 1977 drei Nahtoderfahrungen. Sie sagte, daß 2012 nicht nur der Beginn der 5. Welt der Maya sei, sondern auch der Aufstieg der 5. „Wurzelrasse" („fifth root race"), die auch Indigo-Kinder genannt werden.

2.6. Altertumskunde und Überlieferungen

Kukulcan-Pyramide in Chichen Itza

Die Pyramide ist vierseitig mit jeweils 91 Stufen (364) und der obersten Ebene (365) und sei ein „Präzessions-Wecker" für das 21. Jahrhundert. Zur Frühlings-Tag-und-Nachtgleiche bewirkt die Nachmittagssonne ein Schattenspiel, bei dem eine riesige Schlange vom Himmel herabzusteigen scheint. Die gefiederte Schlange ist Sinnbild der Verbindung von Sonne und Plejaden. Am 20.05.2012 (60 Tage nach dem 21.03.2012, der Frühlings-Tag-und-Nachtgleiche) verbindet sich die Zenitpassage der

Sonne mit einer Sonnenfinsternis. Die Plejaden sollen ursprünglich die Klapper am Schwanzende der Schlange gewesen sein.

Das Auge der Pyramide

Im Großen Siegel von America, das auf jeder 1-Dollarnote abgebildet ist, befindet sich in einem Kreis eine 13stufige, vierseitige Pyramide, die oben von den Worten „Annuit coeptis"[43] und unten von den Worten „Novus ordo seclorum"[44] je halbkreisförmig umrahmt ist. Die unterste Stufe der Pyramide trägt die Aufschrift 1756-1776[45].
Jede der 13 Pyramidenstufen umfaßt einen Zeitraum von 20 Jahren, mit dem die jeweilige Stufe beschriftet ist. Die 13. und letzte Stufe geht von 1993-2012. Die vier Seiten der Pyramide mit je 13 Stufen ergeben die Zahl 52, was der Anzahl der Wochen im Jahr entspricht.
Über dem oberen Pyramidenstumpf schwebt eine strahlende Pyramidenspitze, in der ein geöffnetes Auge zu sehen ist, dem Sinnbild für den hellsten Stern unseres Nachthimmels, Sirius, Auge und Hauptstern des Sternbildes „Großer Hund", das mit 8,6 Lichtjahren Entfernung eine der nächsten Sternenfamilien ist. Sirius ist der südlichste Stern des Wintersechsecks. (Raymond Mardyk)

Sopdet / Sirius

Sopdet ist der weibliche Ausdruck des Sirius. Im alten Ägypten hielt man sie für die Verursacherin der lebenswichtigen Nil-

---

[43] lat.: Er heißt das Begonnene gut.
[44] lat.: Neue Weltordnung
[45] Jahr der Unabhängigkeitserklärung

überschwemmung, da dieses Ereignis mit dem heliakischen Aufgang des Sirius übereinstimmte, dem ersten Erscheinen des Sirius, nachdem er aus dem Bereich der Konjunktion[46] mit der Sonne herausgetreten war.
Sopdet wurde auch die „Kündende des Neujahrs“ genannt, da ihr Erscheinen den Beginn eines neuen Zyklus im 365 Tage dauernden ägyptischen Kalender darstellte, und ihr zu Ehren feierte man jedes Jahr das Neujahrsfest des „Hervorkommen der Sopdet“, auch als Sothis-Fest bezeichnet.

13. Tierkreiszeichen

Ursprünglich bestand der „himmlische“ Tierkreis aus 13 unterschiedlich großen Tierkreiszeichen, die der von der Erde sichtbaren Größe des jeweiligen Sternbildes am Nachthimmel entsprachen. Das jetzt fehlende 13. Zeichen ist der „Schlangenträger“[47] zwischen Schütze und Skorpion (30.11.-18.12), der von den Babyloniern aus dem Tierkreis entfernt wurde, weil die 12 in der babylonischen Kultur eine heilige Zahl war.
In der griechischen Mythologie wird der Schlangenträger mit Asklepios gleichgesetzt, der den toten Orion mit dem Blut der Medusa zum Leben erwecken wollte. Da dies für einen Menschen ein schweres Vergehen und ein Verstoß gegen die Themis, die göttliche Ordnung darstellte, wurde Asklepios von Zeus mit dem Götterblitz erschlagen, aber dennoch in den Himmel erhoben.

---

[46] astrologische Verbindung im Tierkreis, von lat.: „conjunctio“, Verbindung
[47] lat.: „Ophiuchus“

Das Hendaye-Kreuz

In den französischen Pyrenäen an der Grenze zu Spanien steht das Kreuz von Hendaye, das ungefähr um 1680 erbaut worden ist. Das Kreuz steht auf einem viereckigen Sockel, der ungefähr ein Viertel der Gesamthöhe einnimmt. Auf der nach Westen ausgerichteten Vorderseite des Sockels befindet sich eine den fünf Zeitaltern entsprechende aztekische Sonne mit einander spiegelnden Spiralaugen, einem breitgezogenen Mund (der einem liegenden Stundenglas ähnelt) und mit je 16 langen und kurzen Strahlen. Die Sonne selbst ist von vier fünfarmigen Sternen umgeben. Die Nordseite des Sockels zeigt einen abnehmenden Mond, die Ostseite einen „einbeinigen“ Achtstern und die Südseite eine Eiform, die durch ein einbeiniges Kreuz geviertelt ist. Jedes der Viertel enthält ein jeweils gleichgroßes ‚A“-ähnliches Zeichen, das „Raute“ und „Füße“ aufweist. Auf dem überdachten Sockel steht eine runden Säule mit Längsfurchen, die ungefähr die Hälfte der Gesamthöhe einnimmt und von einem glatten Kopf mit vier Querwülsten abgeschlossen wird, der eine viereckige Steinplatte trägt. Darauf steht das eigentliche „einbeinige Kreuz mit vier gleichlangen Strahlen, die auf den queren Strahlen die lateinische Aufschrift „O CRUX AVE, SPES UNICA“ tragen – „Sei gegrüßt, du heiliges Kreuz, unsere einzige Hoffnung.“ Darin lassen sich die Anagramme Inca Cave, Cusco, Peru, Urcos finden (Fulcanelli 1926). Im oberen Arm befindet sich ein „zweibeiniges“ Kreuz (X). Bei entsprechenden Nachforschungen in Peru wurden bei Cusco (Cuzco) sowohl die Höhlen gefunden als auch die kleine Stadt Urcos, deren ursprüngliches Kreuz leider zerstört worden war. Von den Höhlen soll ein legendärer Tunnel bis in die Anden führen. Laut Fulcanelli warnt das Kreuz vor einer schrecklichen Doppelkatastrophe mit Feuer auf der Nordhalbkugel. Nach Paul Violette ist die erste Katastrophe eine galaktische Kernexplosion, die elektromagnetische Verschiebungen bewirken wird, die zu Krusteneinbrüchen mit nachfolgenden Stürmen und Fluten führt. Die zweite Katastrophe ist eine Explosion der Sonnencorona.

Das heilige Bein – die Pforte in die Anders-Welt

Bei den Maya sind der Schädel und das Heilige Bein[48] die himmlischen Tore zur oberen und zur unteren Welt. Die Wirbelsäule, bestehend aus 33 Wirbeln, wird als eine Widerspiegelung des Weltenbaumes gesehen. Die 33 Wirbel verteilen sich auf sieben Halswirbel, zwölf Brustwirbel, fünf Lendenwirbel, das heilige Bein mit fünf miteinander verwachsenen Wirbeln und die vier ebenfalls verwachsenen Wirbel des Steißbeines.
In den himmlischen Toren kreuzt die Ekliptik, der scheinbare Weg der Sonne am Himmel, den galaktischen Äquator (größter Breitenkreis). Das heilige Bein der Milchschlange/Milchstraße sei der Ort der Schöpfung in Orion, wo die Sonne aus der Schildkrötenschale geboren worden sei. Das Heiligtum der Milchschlange/Milchstraße sei eine dunkle Spalte, in der sich 2012 ihr Verbundensein offenbaren werde, was zur Verschmelzung von Himmel und Erde, der oberen, der irdischen und der unteren Welt sowie zur Auflösung des Ego führen werde.

Das Heiligtum der Sonne

Für die Inka lagen um den Leib Kraftringe mit einem „feurigen" Punkt, von denen vier als Augen wahrgenommen wurden. Die Zirbeldrüse entsprach bei ihnen dem 7. Auge.
Der größte Kraftaustausch findet durch den Nabel statt, der dem Kraftort der Sonne entspricht. Nabel heißt in ihrer Sprache

[48] lat.: „Os sacrum", Kreuzbein

„Cuzco“ und unter der Kirche in Cuzco befinde sich auch ein Nabelstein.
Nabelsteine sind auch Abbildungen des Gebärmutter-Mundes. Über den Nabel ist der Astralleib über eine Silberschnur mit dem irdischen Leib verbunden, einer Widerspiegelung der Nabelschnur auf der Ebene der Kraft.
Die sogenannte Sonnenscheibe ist ursprünglich ein riesiger Mondkalender gewesen – (also eigentlich eine Mondscheibe) mit 12 Monden mit je 27,3 Tagen/Nächten.
In ihrer Mitte befindet ein Gesicht mit heraushängender Zunge, wie auch bei dem aztekischen Sonnenstein – eine Widerspiegelung des allmonatlichen heiligen Blutflusses der Gebärmutter, des Mutterschoßes – auch bei anderen Völkern als Blutflußzunge bekannt.
Für die Inka können Große Einweihungen, die Menschen wieder mit dem uralten Wissen und mit der heiligen Kraft verbinden, nur gemeinsam empfangen werden. Ihnen geht eine Reinigung von Schmerz und Gewalt voraus, die in Höhlen (symbolisch für den Mutterleib) vollzogen wird. Die in diesen Einweihungen empfangene Kraft öffnet den Zugang zur Kraft der 5. Sonne, durch die Menschen „leuchtend“ werden: Frieden lebend und Frieden gebend.
Die Voraussetzung für die nötigen Veränderungen der Menschheit ist die entscheidende Menschenmenge, die ihre einzigartigen Gaben und Fähigkeiten miteinander teilt und dadurch wieder in Verbundensein zu leben vermag.

Die Weisheit des Dao

Im Dao-Yoga wird die Zirbeldrüse durch die Atmung über Umwandlung der Lustkraft angeregt, wodurch sich die ewige Frucht des Lebens entwickelt und von der Gebärmutter (Mutterschoß) über die Kraftorte zur Krone hin gehoben wird. Dabei löst sich die Seele vom Leib und aus der Zirbeldrüse über dem Scheitel strahlt es golden. Dieser Geistleib sieht aus wie ein goldener Ball, ähnlich den Lichtbällen, die in Kornkreisen gesehen wurden. Diese Form der aufsteigenden Kraftansammlung ist vergleichbar mit der von tibetischen Mönchen bewahrten Ei-Schatzkammer-Atmung, durch welche bewußt Kraft in Stoff und Stoff in Kraft gewandelt werden kann. Es wird davor gewarnt, den „frisch geborenen“ Astralleib Gewitter, Blitz, Regen oder Nebel auszusetzen, da deren elektrische Entladungen diesen in Schock versetzen oder auch töten können. Der für Geistreisen notwendige Schutz vor elektrischen Entladungen wird durch die ausgleichenden Kräfte der heiligen Stätten auf dem Kraftliniennetz der Erde gewährleistet.

3. Die Folgen von Herrschaft für die Menschheit
3.1. Weissagungen zu Gewalt, Zerstörung und Krieg

Die Alten kannten keinen Haß. Sie lebten in Freiheit.
Jetzt ist der sanfte und weise Pfad des Herzens vergessen. Nun wird die Zerstörung sich selbst zerstören.
Jene, die sich entscheiden, nicht zu sehen und dadurch Zerstörung begünstigen, werden die Folgen ihrer Taten ernten und selbst zerstört werden. Dies ist das Gesetz der Zeit.
Alles Leiden ist Folge des Verlustes des Wissens von unserem Ursprung. Das Unglück all unserer Leben ist das Getrenntsein.
(Ojibwae)

Die meisten Menschen werden die heilige Kraft vergessen und ihren wahren Glauben. Achtlosigkeit und Gewalt werden ihr Leben bestimmen. Die Stimmen der heiligen Kraft werden zum Schweigen gezwungen. Alles gerät in Unordnung und das Gute wird verschwinden.
(Hermes Trismegistos)

Die Menschheit hat die Lehren des Todes und des Hungers nicht gelernt. Abfallhaufen reichen bis in den Himmel.
(Apache – Stalking Wolf)

Menschen werden Gier und falschen Religionen anhängen. Sie werden im Leib dick und in der Seele hungrig sein.
(Zarathustra)

Der letzte Abschnitt des vierten Zeitalters, in dem wir heute leben, ist geprägt von ständig wachsender Eigennützigkeit.
Die Herrscher der Erde sind gewalttätig und unzüchtige Wüstlinge werden tatkräftig von ihnen unterstützt.
Frauen werden unfähig sein, jungfräuliche Geburten hervorzubringen.

Die heilige Lehre wird sehr schwach sein und Menschen begehen Sünden in Gedanken, Worten und Taten.
(Hindi)

Männer werden furchtbare Taten begehen und Kinderleben zerstören, indem sie Mädchen als Frauen zwingen. Die Menschen werden von Rohheit, Gier und Gewalt besessen sein. Die Oberen sprechen leere Worte und geben falsche Zusagen. Furchtbare Kriege werden geplant.
(Mutter Shipton)

Ein dritter Weltkrieg kann ausbrechen als Ausdruck spiritueller Auseinandersetzung mit materiellen Dingen.
(Hopi)

Die Menschheit wird fortgesetzten, schrecklichen Kriegen ausgesetzt sein, die dann zu dem letzten großen Krieg führen.
(Mutter Maria)

Ein mächtiger Wind wird sich im Norden erheben und schweren, dichten Nebel mit sich bringen, der Augen und Kehlen füllt und zu einem Einstellen ihres Metzelns führt und sie in großer Furcht halten wird.
(Heilige Hildegard)

Kriege entstehen nur am Anfang als Zeichen der nachfolgenden Krise, die plötzlich kommt. Die Zerstörung und das Chaos des zivilisierten Lebens wird alle Vorstellungen übersteigen.
(Arthur Conan Doyle)

Wenn alle glauben, daß nun der Frieden sicher sei, wird ein großes Ereignis stattfinden. Revolution wird gleichzeitig in Italien und Frankreich ausbrechen.
(Ekstatiker von Tours)

Danach kam die vierte Welt der Trennung als das Vermächtnis, das die Erdenkinder als Möglichkeit des Wachsens empfingen. Wie im Beginn jeder neuen Welt gab es das Versprechen von Einklang und Gerechtigkeit – doch die Herausforderung war diesmal, es durch die Kraft des Getrenntseins in Liebe zu leben.
Es verlangte die Unterschiede und die Einzigartigkeit in Liebe und Einklang wahrzunehmen. Doch schon bald war die alle verbindende Sprache der Liebe vergessen und es entstanden viele neue Sprachen als Ausdruck des Getrenntseins, das bald auch die Herzen betraf. Verschiedene Glaubensrichtungen entstanden, die alle den Anspruch auf Alleingültigkeit erhoben.
Viele Götter wurden erschaffen an Stelle der einen ursprünglichen Quelle. Unterdrückung und Herrschaft entstanden. Die Folge waren Leid und Elend und Krieg. Die Heiligkeit sinnlicher und geschlechtlicher Verbindung wurde entweiht und mißbraucht.
Die innere Weisheit der Menschen wurde durch Verordnungen ersetzt. Die leibliche Verbundenheit der Frauen mit Mutter Erde wurde nicht mehr geehrt. Sinnlichkeit und Leidenschaft waren nicht mehr frei und selbstbestimmt. Herrschaft bestimmte alle Bereiche des Lebens. Die Menschen entfernten sich in Leid und Schmerz immer mehr vom Weg der Schönheit.
Die vierte Welt ist die längste der sieben Welten und als mittlere Welt gleichzeitig auch die Wende in der spirituellen Entwicklung der Menschheit.
(Seneca)

Zeichen für das dritte Schütteln der Erde wird sein, wenn die Menschen etwas bauen werden, was die Alten „das Haus im Himmel“ nennen, das mit großem Lärm fallen und als blauer Stern erscheinen werde.
(Hopi) (Keetoowah / Cherokee)

Herrschaft wird zerfallen, wenn die weibliche Urkraft ihren Kreis vollendet.
(Nostradamus)

3.2. Die Lebenslage der Menschheit

Derzeit leben auf der Erde ungefähr 6.500 Millionen Menschen – 2.360 Millionen Frauen, 2.190 Millionen Männer und 1.950 Millionen Kinder.

Weltvermögen

11% der Männer (allesamt aus reichen Ländern) besitzen 94,7% des gesamten Weltvermögens. 46% der Männer besitzen 4,7% des Weltvermögens. Die verbleibenden 0,6% des Weltvermögens verteilen sich auf 43% Männer sowie auf alle Frauen mit allen Kindern – auf insgesamt 90,8 % der Menschheit.

Welteinkommen

0,2% der Männer eignen sich beständig 57,3% und weitere 24,8% der Männer 28% allen Welteinkommens an, d.h. 25% der Männer eignen sich 85,2% des gesamten Welteinkommens an.
18,6% der Frauen haben Zugang zu 4,6% des Welteinkommens.
75% der Männer bekommen nur 4,8% und 81% der Frauen nur 5,4% des Welteinkommens. 9% aller Frauen und 6,9% aller Männer sind völlig ohne Einkommen.
Frauen leisten insgesamt weltweit 2/3 aller (auch der körperlich

schweren) Arbeiten und bekommen dafür alle zusammen nur 10% des Welteinkommens.

Ausbeutung

Mindestens 90% der Frauen, 80% der Männer und mindestens 20% der Kinder werden ausgebeutet – am schwersten in den armen Ländern
Jede 28. Frau und jedes 500. Kind sind versklavt!

Armut

Mindesten 75% der Frauen, 50% der Kinder und 42,7% der Männer sind gezwungen in Armut zu überleben. Durch Herrschaft verursachte Armut ist vorwiegend weiblich.

Nahrung

20% der Menschen (überwiegend der reichen Länder) leben in Überfluß auf Kosten von 80% Menschen (vorwiegend in den armen Ländern).
Mindestens 20% aller Menschen sind gezwungen zu hungern, 70% davon sind Frauen, d.h. jede 3.-4. Frau und jeder 5.-6. Mann leidet Hunger. Jedes 3. Kind, jede 6. Frau und jeder 8. Mann sind unterernährt und untergewichtig.
Für ausgewogene Nahrung wird pro Mensch durchschnittlich 0,25 ha Ackerland gebraucht – doch schon heute stehen infolge von Erdverwüstung und Überbevölkerung höchstens noch 0,11 ha pro Mensch zur Verfügung.

Geschlechtliche Gewalt

Jede 2. Frau wird sexuell belästigt, jede 3. wird vergewaltigt, jede 4. wird sexuell mißhandelt und jede 17. wird an ihren Geschlechtsteilen verstümmelt.
Jede 100. Frau ist zum Schwangerschaftsabbruch gezwungen.
Jedes 3. Kind wird Opfer sexueller Mißhandlung, (80% der davon Betroffenen sind Mädchen und 20% sind Jungen.)
Jeder 10. Mann wird sexuell mißhandelt.
Die Täter sind fast ausschließlich Männer.

Leibliche Gewalt

Jede 2.-3. Frau, jedes 2. Kind und jeder 5. Mann sind Opfer leiblicher Mißhandlung. Darüber hinaus werden vielen Frauen „kulturell erklärte“ leibliche Verstümmelungen zugefügt. Die häufigste Todesursache für Frauen in den reichen Ländern bis zum 44. Lebensjahr ist Tötung oder Mord. In anderen Ländern werden Frauen durch Mitgift-Morde, sogenannte „Ehrenmorde“, Steinigungen, Säure-Werfen, „Lustmorde“ getötet.

Seelische Gewalt

Mindestens jede 2. Frau und jedes 2. Mädchen sind unter Herrschaft schwerer seelischer Gewalt ausgesetzt (Beleidigung, Verachtung, Demütigung, Bedrohung).
Jeder 10. Mann und jeder 10. Junge erleben ebenfalls seelische Mißhandlungen.

Gesellschaftliche Gewalt

Unter Herrschaft wird jede Frau und jedes Mädchen in irgendeiner Form wegen ihres Weiblichseins benachteiligt sowie jedes 2. Kind und jeder 4. Mann wegen Rassen-, Glaubens-, kultureller Zugehörigkeit oder Partner/innen-Wahl.
Jedes 20. Kind ist gezwungen auf der Straße zu überleben.
Frauen und Kinder werden ausgebeutet, verkauft, in Sklaverei gezwungen.
Jedes 3. Kind hat keinerlei Möglichkeit auf Schulbildung. Jeder 7. Mensch kann weder lesen noch schreiben. 2/3 davon sind Frauen (jede 4. Frau).

Krieg

Jeder 10. Mensch leidet unmittelbar unter Krieg und dessen Folgen.
90% aller Kriegsopfer sind Frauen und Kinder.
Jeder 33. Mann ist Opfer von Krieg.
Jede Minute wird mindestens ein Mensch durch Krieg getötet.

Rüstung und Kernkraft

Mindestens 5% des Welteinkommens (140.000 Millionen US-Dollar) jährlich gehen in die Rüstung. In fast jedem Land gibt es Lager konventioneller, chemischer, biologischer und nuklearer Waffen.
Kernkraftwerke gefährden uns zusätzlich durch Verstrahlung, Störungen, Unfälle sowie als mögliche Kriegsziele.

Mitweltzerstörung

Die Luft ist verschmutzt und ihre Schutzschicht (Ozon) durchlöchert, die Erde ist vergiftet und 1/4 der Erde ist verwüstet, die Wasser sind verschmutzt, vergiftet und verseucht und die Feuer entfesselt (Atombomben, Kernkraftwerke). Naturkatastrophen nehmen zu, wodurch immer mehr Menschen ihre Heimat verlieren.

Wassermangel

Jeder 5. Mensch leidet an Wassermangel, jeder 3. hat nur verschmutztes Trinkwasser zur Verfügung. Folgen davon sind Kriege um Wasser, Armut, Not, Krankheiten und Seuchen.
2012 wird nur noch jeder 3. Mensch über ausreichend Wasser verfügen!

Heimatlosigkeit

Die Heimat der Menschen wurde durch Herrschaft, Kolonialisierung, Vertreibung, Ausbeutung der Erde, durch Verwüstung, Kriege und Naturkatastrophen immer mehr zerstört.
80% aller Menschen leben in baufälligen Behausungen.
Jeder 100. Mensch ist auf der Flucht vor Gewalt.

3.3. Krankheiten und Seuchen, Hunger und Not

Krankheiten und Seuchen

Krankheiten sind Ausdruck der gestörten Ordnung des Lebens.
80% der Menschen leiden an armutsbedingten Krankheiten, die Menschen der reichen Länder an Wohlstandskrankheiten.

In jeder Minute:

- verhungern auf der Erde 75 Menschen, darunter 29 Kinder
- werden 5 -6 Mädchen geschlechtsverstümmelt
- werden 2-3 Kinder versklavt
- sterben 1-2 Mädchen unter 15 aufgrund von Schwangerschaft oder Geburt
- erblindet ein Kind aufgrund von Vitamin-A-Mangel
- stirbt eine Frau an Brustkrebs
- stirbt ein Mensch im Krieg
- werden 143 ungewollte Schwangerschaften abgetrieben
- sterben 100 Menschen
- werden 150 Kinder geboren
- leben 50 Menschen mehr auf der Erde
- …

Wir haben vergessen wer wir sind.
Wir haben uns selbst entfernt von der Entwicklung des Alls.
Wir haben uns entfremdet von den Bewegungen der Erde.
Wir haben uns abgewandt vom Zeitmaß der Mondin.
Wir haben uns abgetrennt vom Kreislauf des Lebens.
Wir haben vergessen wer wir sind.
Wir haben nur nach unserer eigenen Sicherheit gesucht.
Wir haben alles ausgebeutet – bis zum bitteren Ende.
Wir haben das heilige Wissen verdreht und verzerrt.
Wir haben unsere Kraft mißbraucht.
Wir haben vergessen wer wir sind.
Nun ist das Land unfruchtbar und die Wasser sind vergiftet,
die Luft ist verschmutzt und die Feuer sind entfesselt.
Wir haben vergessen wer wir sind.
Nun sterben Pflanzen, Tiere und Menschen
und wir sind verzweifelt.
Wir haben vergessen wer wir sind.
Wir bitten um Vergebung.

Wir bitten um den Mut uns zu besinnen.
Wir bitten um die Stärke uns zu ändern.
Damit wir uns besinnen wer wir wirklich sind
und die Gewalt beenden, die Zerstörung wandeln,
die Wunden heilen
und die Heiligkeit des Lebens wieder bewahren.
Laßt uns die Kraft der Wandlung miteinander offenbaren
in heiliger – heilender Liebe.
Wir sind diejenigen, die es wahrhaftig tun.

Hunger
Weissagungen

Wenn Wasser schmutzig und ungenießbar ist, wird ein großes Ungeheuer aus dem Wasser aufsteigen und die Menschheit zerstören. Einer der Namen dieses Ungeheuers ist: „Die Krankheit, die euch innerlich auffrißt.“... Die Zeit wird kommen, wenn keine Samenkörner mehr da sein werden, und nichts mehr in den Gärten wächst.
(Onondaga)

Das Wasser wird durch Krankheiten verseucht sein und die Menschen werden dadurch sterben. Es wird keine Nahrung geben.
(Keetowah / Cherokee)

Viele Völker werden an Mangel und Hungersnot leiden.
(Heilige Hildegard)

Die Menschen wird durch Hungersnöte, Seuchen und Gift dezimiert werden.
(Seherin Regina)

Menschen werden aus Wassermangel sterben.
(Mutter Shipton)

Wenn ihr Weizen habt, so sät nicht, denn alles Gesäte wird von den Würmern gefressen, und was immer wachsen wird zerfällt beim Dreschen zu Staub ... Eine große Hungersnot wird kommen und davor werden die Kinder unter sieben Jahren von Zittern befallen werden und in den Armen derer sterben, die sie halten. Die übrigen werden durch die Hungersnot bereuen.
(Mutter Maria)

Die Früchte der Erde werden verrotten, die Erde wird unfruchtbar werden.
(Hermes Trismegistos)

Die Menschen werden aus ihren Städten auf das Land flüchten und nach den Bergen mit den drei Kreuzen suchen und dort, in ihnen, werden sie atmen und Wasser trinken und Schutz finden können. Es wird eine große Hungersnot auftreten, obwohl viel Essen in Städten und Dörfern ist, aber es wird vergiftet sein. Viele werden es aus Hunger essen und sofort sterben. Jene, die bis zum Ende fasten, werden überleben, weil sie vom heiligen Geist gerettet und nahe bei der höchsten Kraft sein werden.
(Serbien)

Heiße und kalte Winde werden kommen und alle Früchte und Körner hinwegtragen. Die Regen werden nicht zu ihrer Zeit fallen.
(Zarathustra)

Wenn die Veränderung der Menschheit nicht während des zweiten Zeichens geschieht, dann erlebt die Menschheit gewiß die Zerstörung auf der Erde. Die Kinder der Erde müssen in die Wildnis flüchten und sich dort verstecken.

Wenn der Himmel Feuer blutet, dann gibt es in der Welt der Menschen keine Sicherheit mehr. Von dieser Zeit an, wenn die Sterne bluten bis zum vierten und letzten Zeichen wird es vier Jahreszeiten des Friedens für die Flucht geben, in denen die Kinder Erde tief in der Wildnis leben und ein neues Zuhause finden müssen, das der Erde und der Schöpfungskraft nahe ist. Nur die Kinder der Erde werden im Einklang mit der Erde und der höchsten Kraft überleben.

Das vierte und letzte Zeichen wird in den nächsten zehn Wintern erscheinen, die der Nacht der blutenden Sterne folgen. In dieser Zeit wird die Erde sich selbst heilen und die meisten Menschen werden sterben. In diesen zehn Jahren müssen die Kinder der Erde in der Wildnis umherziehen ohne dauerhafte Lager, um Begegnung mit den letzten der Menschen zu vermeiden. Sie müssen versteckt bleiben und dürfen nicht in die Selbstzerstörung der Menschen zurückkehren. Es wird auf der Erde eine unvorstellbar große Hungersnot geben. Wasser wird ungenießbar, weil die Gifte der Sünden der Menschen in die Gewässer des Erdbodens, der Seen und der Flüsse geraten. Getreide wird nicht mehr wachsen, die Tiere der Menschen werden sterben und Krankheit wird die Massen töten.

Die Enkelkinder werden sich von den Resten des Todes nähren und überall werden Schreie des Schmerzes und Leides zu hören sein. Umherziehende Banden werden andere Menschen jagen und umbringen, um sie zu essen, und das knappe Wasser wird immer knapper werden. Das Land, das Wasser und die Luft – all das wird vergiftet sein. Menschen werden sich zuerst in den Städten verstecken, doch dort werden sie sterben. Einige wenige werden in die Wildnis fliehen, doch die Wildnis wird sie vernichten. Die Menschen werden vernichtet, ihre Städte zerstört und so ist es, daß die Enkelkinder für die Sünden ihrer Großväter und Großmütter bezahlen müssen.

(Apache – Stalking Wolf)

Einsichten zu Nahrung unter Herrschaft

Unter Herrschaft bedeutet Essen fast immer Entwürdigung und vorausgegangene Gefangenschaft, Mißhandlung sowie qualvolles Sterben der Pflanzen und Tiere, die versklavt wurden, um uns als Nahrung zu dienen. So trägt selbst die Nahrung, die wir uns einverleiben und die in und durch uns hindurch wirkt, die Schwingung von Gewalt und Zerstörung. Du bist, was du ißt.
Unter Herrschaft wurde das Lebensrecht auf allmütterliche Liebe und Fürsorge in jeder Form gebrochen. Unterdrückung und Gewalt gegen Frauen und Mütter zerstörte das natürliche miteinander Teilen von heiliger Nahrung. Herrschaft entzog zuerst allen Frauen und Kindern sowie allen sanften oder schwachen Männern ihren rechtmäßigen Zugang zu den Gaben der Erde.

Ungefähr 20% der Menschen leben im Überfluß auf Kosten von 80% der Menschen, die durch Herrschaft gezwungen sind in Armut und Elend zu überleben. Heutzutage leidet jeder 5.-6. Mensch (900-1.000 Millionen) auf der Erde trotz weltweit noch immer ausreichender Lebensmittel an Hunger und ist unterernährt.
70% der Hungernden auf der Welt sind Frauen (600-700 Millionen). Mindestens 850 Millionen der Hungernden (85%) leben in den armen Ländern der Erde: 550 Millionen in Asien, 170 Millionen in Afrika, 120 Millionen in Lateinamerika, 10 Millionen in Ozeanien.
Jede Minute verhungern 75 Menschen (davon sind 29 Kinder), das sind 4.500 pro Stunde, 108.000 pro Tag, 3,24 Millionen pro Monat, 38,8 Millionen pro Jahr (davon 15 Millionen Kinder). Es sterben heute 75mal mehr Menschen durch Hunger als durch bewaffnete Kriege. Hunger wird von den Herrschenden wissentlich und vorsätzlich als Waffe eingesetzt, durch gezielte Vorenthaltung heiliger Nahrung.

Wasser ist unser wichtigstes Nahrungs- und Lebensmittel. Unser Leib besteht zu 70% aus Wasser. Alle Lebewesen brauchen Wasser, um zu leben. Allein zum Trinken benötigen wir, je nach Umgebungsbedingungen, jeden Tag 1-3 Liter sauberes Wasser.

2/3 der Erdoberfläche sind von Wasser bedeckt, doch nur 2,6% davon sind Süßwasser. 77,2% davon sind in den Polkappen gefroren, 22,2% sind Grundwasser und nur 0,6% des vorhandenen Süßwassers ist überhaupt frei zugänglich: 66% in Seen, 22% in Quellen, 5,4% in Flüssen und 6% in der Luft.

Wassermangel ist gleichbedeutend mit Nahrungsmangel, und das bedeutet Hunger, Durst, Seuchen und Tod.

Das Trinkwasser auf der Erde ist schon heute nur noch für 50% der Menschen ausreichend vorhanden. 20% der Menschen leiden an Wassermangel. 30% der Menschen haben schon jetzt kein sauberes Trinkwasser mehr.

Bei der derzeitigen Entwicklung wurde berechnet, daß 2012 nur noch ein Drittel der Menschheit über Trinkwasser verfügen wird.

28% der Menschen haben kein sauberes Wasser mehr und sind gezwungen, verunreinigtes Wasser trinken. Dies betrifft 1.800 Millionen Menschen in den armen Ländern. 33% der Menschen in den armen Ländern haben nicht genug Trinkwasser. Das sind 2.145 Millionen Menschen.

80% der Menschen, die an Wassermangel leiden, leben auf dem Land, wo das Wasser eigentlich herkommt.

1/3 der Menschheit (2.145 Millionen Menschen) lebt in den 28 Ländern, deren Wasserversorgung gefährdet ist: In Äthiopien haben nur 24% der Bevölkerung ausreichend Trinkwasser, im Tschad 27%, in Mauretanien 37%.

Ausgetrocknete Flußbette prägen das Bild der Region am Amazonas, die Schiffe liegen auf dem Trockenen.

Das weltweit vorhandene Trinkwasser wird wie folgt verbraucht:

- 70% durch Landwirtschaft (in armen Ländern 80%, in reichen Ländern 40%)
- 20% durch Industrie (in armen Ländern 10-15%, in reichen Ländern 50-80%)
- 10% durch private Haushalte (nur in reichen Ländern, in armen Ländern 1-5%)

50% des Wassers in der Landwirtschaft wird durch Massentierhaltung zugunsten der Wohlhabenden verbraucht. Um 1 kg Fleisch herzustellen wird die 100fache Wassermenge gebraucht wie für 1 kg Getreide.
Um einen Menschen ausreichend vegetarisch zu nähren, werden täglich ungefähr 1.000 Liter Wasser benötigt. Für 1 kg Brot braucht es ungefähr 1.000 Liter Wasser. Enthält die Nahrung etwa 20% Fleisch, verdoppelt sich der Wasserbedarf.
Die Unterschiede des für die Nahrung der Einzelnen genutzten Wassers sind riesig: 5.000 Liter pro Tag für einen Menschen in den USA und weniger als 200 Liter pro Tag für einen Menschen in Afrika.
Außer dem für Nahrung benötigten Wasser wird es in den privaten Haushalten, wo es noch ausreichend vorhanden ist, auch für anderes verbraucht und zwar zwischen 100-300 Liter pro Kopf pro Tag:

- 60% für Reinigung (Körper, Wäsche, Geschirr, Wohnung, Auto)
- 30% für Toilettenspülung
- 5% für Nahrungszubereitung und Trinken
- 5% für Sonstiges

Unter Herrschaft haben Menschen den natürlichen Wasserkreislauf auf vielfältigste Art beeinträchtigt, behindert, gestört und verletzt durch:

- Eingriffe in Quellgebiete, Seen und Flüsse: Trockenlegen, Stauen, Umleiten, Begradigen
- Entwaldung, Zerstören von Landschaften
- Waldsterben infolge herrschaftsbedingter Eingriffe
- rücksichtslosen Wasserverbrauch, künstliche und fehlerhafte Bewässerung
- Wasserverschmutzung durch Schadstoffe, Gifte, Dünger, Urin/Fäkalien (weltweit ist mindestens die Hälfte aller Binnengewässer stark verschmutzt)
- Verschmutzung, Vergiftung, Erwärmung der Meere
- zunehmende Urbanisierung infolge von Armut und Bevölkerungswachstum mit Verbrauch der Grundwasservorräte und zunehmender Grundwasserverunreinigung
- Agrar-Industrie statt kleinräumiger, naturverbundener Landwirtschaft
- sauren Regen infolge von Luftverschmutzung
- erzwungenes Bevölkerungswachstum durch Gewalt gegen Frauen
- neue (z.T. genmanipulierte) Pflanzensorten, die mehr Wasser benötigen

Die Folgen des zunehmenden Wassermangels auf der Erde bedrohen das Leben der Menschheit sowie der Pflanzen und Tiere durch:

- Nahrungs- und Trinkwassermangel
- Verbreitung von Krankheiten durch verseuchtes Wasser: 80% aller Krankheiten (1.000 Millionen) und aller Todesfälle (5 Millionen pro Jahr) in den armen Ländern der Erde
- Kämpfe um Wasser, zur Zeit noch in den armen Ländern

- Verstärkung sozialer Benachteiligungen und Ungerechtigkeit. In vielen der armen Länder können Mädchen nicht zur Schule gehen, da die Frauen gezwungen sind, unter schweren körperlichen Belastungen das Wasser für den gesamten Familienbedarf zu beschaffen.

Infolge des erzwungenen Bevölkerungswachstums, der immer weiter zunehmenden Armut mit ihren Folgen von Landflucht und Urbanisierung, der hemmungslosen Zerstörung und Industrialisierung sowie rücksichtsloser Ausbeutung der Erde, gehen jährlich mindestens 10 Millionen Hektar landwirtschaftliche Fläche verloren, allein 7 Millionen Hektar durch Verwüstung der Böden Das ist mehr als 1/4 der Gesamtfläche Deutschlands.
Für eine ausgewogene Nahrung braucht ein Mensch, abhängig von den Umgebungsbedingungen, durchschnittlich 0,25 Hektar Land. Doch schon jetzt stehen weltweit nur noch 0,1 Hektar Ackerfläche für jeden Menschen zur Verfügung. Während in der EU bestes Ackerland nur extensiv bewirtschaftet wird oder sogar mit Preisgeldern brach liegt, sind mindestens 852 Millionen Menschen in der Welt unterernährt.
Pro Kopf werden weltweit ungefähr 300 kg Getreide jährlich geerntet (2.000 Millionen Tonnen), was dem Verhältnis von vor 30 Jahren entspricht. Bei gerechter Verteilung würde dies dennoch allein 800g Getreide für jeden Menschen auf der Erde pro Tag bedeuten. Und schon 200g Getreide täglich sättigen einen Menschen und lassen anteilige tierische Nahrung zu.
Während die Weltbevölkerung jährlich um 1,7% wächst, steigt die Getreideernte nur um 1%. Die weltweiten Getreidevorräte reichen gerade mal für 55 Tage und die Hälfte aller Vorräte befindet sich in den reichen Ländern (20% der Erdbevölkerung), in denen Getreide mittlerweile sogar zur Stromherstellung verbrannt wird! Weizen, Mais und Reis stellen weltweit ungefähr je 1/3 der Getreideernte.

Der Verbrauch von Fleisch nimmt weltweit zu: 2/3 der gesamten landwirtschaftlichen Nutzfläche dienen der Tierhaltung und der Tierfutterherstellung. Nur 2% werden für Obst und Gemüseanbau genutzt!
Millionen Tiere werden jährlich in entwürdigender Gefangenschaft gehalten, gemästet, gequält und geschlachtet. Ihr Fleisch ist nicht nur voller Chemie und Hormone, sondern auch voller Angst, Qual und Gewalt.

Weltweit werden jährlich an Tiere verfüttert:

- 90% der gesamten Sojabohnenernte
- 90% der gesamten Maisernte
- 60% aller Ölsamen
- 50% allen Getreides
- 33% aller Milcherzeugnisse

In einer Tierkalorie sind (je nach Tierart) 7-12 pflanzliche Kalorien (Nahrungsmittelkraftwerte) enthalten. Für 1 kg Rindfleisch müssen 16 kg Getreide verfüttert werden, wovon 15 kg in Kraft umgewandelt werden, die dann größtenteils als Jauche und Mist verlorengeht und die Erde zusätzlich belastet.

Hunger entsteht durch die Vorenthaltung der rechtmäßigen Nahrung infolge von Herrschaft und ist gezielte Zerstörung menschlicher Lebenskraft.
Weltweit nimmt die Kluft zwischen Armen und Reichen zu und die Anzahl unterernährter und hungernder Menschen wächst immer weiter: Im Jahr 2002 waren es mindestens 852 Millionen Menschen (13% der Menschheit), davon 815 Millionen Menschen in den armen Ländern, mindestens 567 Millionen (66,5%) in Asien, (221 Millionen in Indien, 142 Millionen in China, 204 Millionen restliches Asien und Pazifik, mindestens 243 Millionen (28,5%) in Afrika und dem Nahen Osten

(204 Mio. in der Subsahara, 39 Mio. in Nordafrika / Naher Osten), mindestens 53 Millionen (6,0%) in Lateinamerika und der Karibik, mindestens 28 Millionen (3,3%) in Schwellenländern, mindestens 9 Millionen (1,1%) in den reichen Ländern. Hunger führt zu Verzweiflung und Leid, und wer hungert, hat nichts zu verlieren als den Hunger und ein Leben in Elend und Not.

Krankheiten und Seuchen
Weissagungen

Große Seuchen werden zwei Drittel der Menschheit auslöschen.
(Nostradamus)

Krankheiten und Seuchen, die ganze Völker über Nacht auslöschen.
(Mutter Maria)

Die meisten der Lebewesen werden umkommen, und selbst jene die fliehen, werden an furchtbaren Krankheiten sterben.
(Heilige Hildegard)

Eine gefährliche Züchtung, die Schüttelfrost hervorruft und bei der keine Medizin hilft, läßt viele sterben.
(Mutter Shipton)

Die Geheimnisse der Apokalypse sind in einem von sieben Siegeln verschlossenen Buch aufbewahrt. Das Aufbrechen der sieben Siegel beschreibt den Vorgang der Enthüllung:
Die ersten vier Siegel beleben vier schreckliche Reiter auf weißem, rotem, schwarzem und aschefarbenem Roß, die Wehklagen, Gemetzel, Hungersnot und Tod bringen.

Das geöffnete 5. Siegel enthüllt jene, die ihre Leben für die höchste Kraft hingaben.
Mit dem Klang der 6.Trompete kommen vier Engel, um ein Drittel der Menschheit zu töten.
(Bibel)

Ungläubige werden bewußtlos werden, Muslime werden krank werden. Ein Wind aus dem Süden wird Wunden in ihren Achselhöhlen verursachen, woran sie sterben werden.
(Qur'an – Koran)

Streitigkeiten, Plagen, schlimme Krankheiten, Hungersnöte, Dürre und Unheil kommen auf. Indien wird verwüstet durch wiederholtes Unglück, verschiedene Krankheiten und kurze Leben.
(Kali-Yuga – Hindi)

Einsichten zu den Störungen des Heilseins

Krankheit ist auf jeder Ebene Ausdruck der gestörten Ordnung. Durch Gewalt und Unterdrückung hat Herrschaft das leiblich-seelische Heilsein der Menschheit auf das Schwerste gestört. Angst herrscht weltweit: vor Gewalt und vor Not. Die Herrschenden zerstören durch die von ihnen ausgeübte Gewalt ihre eigene mütterliche Lebenskraft und damit ihre Menschlichkeit. Herrschaft ist immer Verletzung des Lebens. Die Mehrheit der Menschheit leidet an den Folgen von Gewalt, Armut, Ausbeutung und Krieg. Aber auch die nicht unmittelbarer Gewalt ausgesetzten Menschen und Wesen werden durch die mittelbare Gewalt in allen Lebensbereichen in ihrem Heilsein beeinträchtigt. Krankheiten spiegeln die ihnen zugrundeliegenden Störungen wider: armutsbedingt in den armen und wohlstandsbedingt in den reichen Ländern der Welt.

Jährlich sterben 52 Millionen Menschen, das sind 6.000 Menschen pro Stunde, das sind 99 pro Minute. Zur weltweiten Sterblichkeit kommen 60-100 Millionen infolge ungewollter Schwangerschaften durch Abtreibung getötete Kinder hinzu. Ein Drittel aller Menschen weltweit stirbt infolge übertragbarer Krankheiten.
Dies geschieht jedoch fast ausschließlich in den Ländern, wo Menschen durch Armut gezwungen sind, dicht gedrängt in krankheitsfördernden Bedingungen zu leben, was die Krankheitsverbreitung zusätzlich begünstigt. Die Vermeidbarkeit dieser Krankheiten zeigt sich an ihrem selteneren Auftreten in den reichen Ländern.
Jeder 10. Todesfall bei Frauen in armen Ländern ist durch Müttersterblichkeit verursacht. Ihre Seltenheit in den reichen Ländern beweist ihre Vermeidbarkeit – wenn die Kraft der Frauen ausreicht, die Heiligkeit des Lebens in Schwangerschaft, Geburt und Kindbett besser zu bewahren.
Krebs an sich ist ein Ausdruck der Zerstörung und tritt in den reichen Ländern der Erde viel häufiger auf. 60% aller weltweit an Krebs Sterbenden sind Männer und 40% Frauen. Bei einem Drittel aller an Krebs verstorbenen Frauen waren die weiblichen Geschlechtsteile betroffen: Brüste, Gebärmutter, Eierstöcke.
Verletzungstode sind im weitesten Sinne auch Ausdruck von Gewalt – gegen andere und / oder sich selbst.
Sterbefälle infolge von Atmungskrankheiten verweisen auf die tödliche Luftverschmutzung.
Die besonders in den reichen Ländern immer mehr zunehmenden Suchtkrankheiten (Tabak, Alkohol, Drogen, Medikamente, Eß-Sucht, Spielsucht, Arbeitssucht u.a.m.) betreffen mindestens 15% der Menschheit und verursachen Tod über Folgeschäden.

Organhandel und Organraub

Die zunehmende Armut auf der Erde ist gleichzeitig auch Ursache des sich beständig ausweitenden ungesetzlichen Organhandels, bei dem länderübergreifende Verbrecherbanden verzweifelten Menschen in armen Ländern ihre Organe billig abkaufen, um sie mit großen Gewinnen an reiche Menschen zu verkaufen.
Die Spender/innen sind aus Indien, Südamerika, Afrika, den armen Ländern der ehemaligen Sowjetunion, Rumänien und Moldawien ...
In Indien wurden in den letzten 25 Jahren mehr als 100.000 Nieren ungesetzlich entnommen. Die Spender/innen bekommen für eine Niere 500 bis 1.000 € – wofür die Empfangenden 30.000 bis 250.000 € bezahlen.
Jährlich werden mehr als 1.000 Nieren von Indien aus in reiche Länder verkauft. Ein Armenviertel in Madras' Norden ist sogar als „Nieren-Dorf“ bekannt, da dort aus fast jeder Familie jemand eine Niere verkauft hat. Ähnlich ist es im angrenzenden Tsunami-Flüchtlingslager. Häufig werden die Nieren von jungen und mittellosen Frauen verkauft, die versuchen, dadurch ihre Familien am Leben zu halten. Die Käufer sind ältere und wohlhabende Männer. In Moldawien, einem der ärmsten Länder Europas, mit einem durchschnittlichen Monatseinkommen von umgerechnet 30 US-Dollar, verkaufen junge Menschen ihre Organe für 2.500 bis 3.000 US-Dollar, während die Empfänger/innen bis zu 250.000 US-Dollar dafür bezahlen.
Aus Mosambik ist bekannt, daß arme Menschen, wie z.B. Straßenkinder, verschleppt und ermordet werden, um ihnen ihre Organe zu entnehmen. Ähnliches wird aus russischen Waisenhäusern berichtet.
Während des Kosovo-Krieges tötete die Befreiungsarmee nach Angaben von Carla Del Ponte (ehemalige Chefanklägerin am Internationalen Strafgerichtshofes in Den Haag), serbische Zi-

vilisten und Gefangene, um deren Organe zu verkaufen. Albanische Freischärler im Kosovo hätten etwa 300 Serben nach Albanien entführt und dort von Chirurgen zum Organverkauf regelrecht „ausweiden“ lassen.
China verwertet öffentlich die Organe von hingerichteten oder verstorbenen Strafgefangenen.
Die Menschen, die in ihrer Not Organe verkaufen, leiden fast immer an lebenslänglichen Spätschäden, ihr Gesundheitszustand verschlechtert sich, da sie weder über die nötige Nachsorge noch über ausreichend gute Lebensbedingungen verfügen. Viele werden selbst von der Dialyse abhängig. Nicht selten versterben die Spender/innen schon an den Folgen der unprofessionell durchgeführten Organentnahme.

Heimatlosigkeit

Ungefähr jeder 100. Mensch (50-60 Millionen) auf der Erde ist auf der Flucht vor Gewalt, Hunger, Krankheit und Krieg: 70-80% davon sind Frauen und Kinder (48 Millionen). Die Hälfte aller Betroffenen sind Binnenflüchtlinge.
Immer weniger der reichen Länder sind bereit, Flüchtlinge aufzunehmen. Menschlichkeit wird von „Wirtschaftlichkeit“ verdrängt, wie auch das Gewissen der eigenen Mitverantwortung für das Leid anderer Menschen und Wesen.
Unter Herrschaft wurde aus einem Heim ein Gegenstand, der gekauft, geraubt und besessen und zerstört werden kann.
Während die reichen Länder immer mehr Geld, Baustoffe und Arbeitskraft für prunkvolle und riesige Bauwerke ausgeben, leben weltweit 80% aller Menschen in baufälligen Hütten und Häusern, vorwiegend in den armen Ländern der Erde. Doch selbst in den reichen Ländern sind mindestens 5 Millionen Menschen obdachlos (0,3% von 1.700 Millionen).

Überbevölkerung

Ursache des die Menschheit bedrohenden Bevölkerungswachstums ist die Störung des Selbstbestimmungsrechtes der Frauen auf allen Ebenen ihres Seins, insbesondere infolge der geschlechtlichen Gewalt in all ihren Formen. Frauen verfügen von Natur aus über die Fähigkeit, ihre Fruchtbarkeit auf die Umgebungsbedingungen, besonders in Zeiten der Not, einstellen zu können. Erst unter Herrschaft stieg die Weltbevölkerung und überschritt zu Beginn des 19. Jahrhunderts eine Milliarde (1.000 Millionen) Menschen und ein noch rasanteres Bevölkerungswachstum setzte ein.
Innerhalb des 20. Jahrhunderts hat sich die Weltbevölkerung fast vervierfacht: 1927 waren es 2 Milliarden, 1960 3 Milliarden, 1974 4 Milliarden, 1987 5 Milliarden und 1999 6 Milliarden Menschen. Jede Sekunde leben (nach Abzug der Gestorbenen: 1,3-1,6/sek) derzeit drei Menschen mehr auf der Erde, das entspricht 180 Menschen pro Minute, 10.800 pro Stunde, 259.000 am Tag bzw. 7,8 Millionen Menschen im Monat – das sind 93,5 Millionen Menschen pro Jahr, weit mehr als die gesamte Bevölkerung Deutschlands.
Dies hat einen jährlichen Bevölkerungsanstieg der Menschheit von 1,3% zur Folge Jede Minute werden 150 Kinder geboren und 100 Menschen sterben. Würden die in jeder Minute durch Schwangerschaftsabbrüche getöteten 143 Kinder auch noch leben, so würde sich das Bevölkerungswachstum der Menschheit sogar vervierfachen. Im Laufe des Jahres 2012 werden es voraussichtlich 7 Milliarden Menschen sein.
Es gibt Berechnungen, die eine sinnvolle Bevölkerungszahl der Erde mit 529 Millionen Menschen angeben. (Peter Schnaible)
Von den ungefähr 6.600 Millionen Menschen auf der Erde sind 30% Kinder und Jugendliche, 60% Frauen und Männer zwischen 16 und 64 Jahren, und 10% ältere und alte Menschen.
Infolge der sinkenden Geburtenanzahl in den reichen Ländern

kommt es dort zu einer Überalterung der Bevölkerung. Die herrschaftlich erzwungene Armut der meisten Menschen auf der Erde nimmt mit steigendem Alter zu und trägt auch diesen Namen: Altersarmut. Dies betrifft besonders Frauen, da diese trotz aller Gewalt und aller Benachteiligungen deutlich älter werden als Männer: Weltweit kommen bei den über 60jährigen 123 Frauen auf 100 Männer, bei den über 80jährigen 189 Frauen auf 100 Männer und bei den über 100jährigen 385 Frauen auf 100 Männer.

Zerstörung der Vielfalt

Herrschaft zerstört die Vielfalt der Erde und ihrer Geschöpfe in allen Bereichen des Lebens und des Seins. Von den ungefähr 6,5 Milliarden (6.500 Millionen) Menschen auf der Erde leben heute nur noch 1-3% weitgehend frei von Herrschaft. Diese mütterlich geprägten Völker und Kulturen bewahren ungefähr 60% der Sprachen der Menschheit sowie das damit verbundene spirituell-geistige Erbe. Von den ehemals etwa 10.000 Sprachen der Menschen auf der Erde sind durch herrschaftliche Gewalt und Unterdrückung mittlerweile 4.000 ausgestorben. Von den verbliebenen 6.000 Sprachen werden nur noch 3.000 an die Nachkommen weitergegeben. Die anderen 3.000 Sprachen sind damit bedroht, in naher Zukunft auszusterben. Alle zwei Wochen stirbt infolge von Herrschaft die Sprache eines Volkes aus und gemeinsam mit ihr auch das noch bewahrte heilige Erbe der Mütter. Es wird angenommen, daß nur 200 bis 600 Sprachen überleben werden, wenn Herrschaft nicht gewandelt wird. Die überlebenden Sprachen wurden und werden durch Herrschaft bewußt und vorsätzlich von der zugrundeliegenden heiligen Muttersprache entfremdet: durch Verdrehung, Verzerrung und Mißbrauch.
Je früher Herrschaft in den verschiedenen Völkern das mütter-

lich geprägte Leben zu unterdrücken begann, desto einschneidender wurde die heilige Muttersprache in herrschaftlichem Sinn entstellt. Je kürzer die Zeit der Herrschaft in einer Kultur, desto geringer die Schäden und um so mehr des heiligen Muttererbes konnte bewahrt werden. In den wenigen reichen Ländern haben Menschen zwar Zugang zu herrschaftlicher Schulbildung, der Zugang zur Kraft und Weisheit der Mütterlichkeit hingegen ist auf das Schwerste behindert.

3.4 Folgen von Herrschaft: Trennung statt Verbundensein

Herrschaft stört die natürliche, die „geborene" Ordnung allen Seins durch Trennung, Entfremdung und Befeindung von miteinander Verbundenem: Seele, Selbst und Leib, Herz/Gefühl und Verstand/Geist, Menschen und Lebensnetz, Frauen und Männer, Alte und Kinder. Zerteile und herrsche. Herrschaft mißachtet die heilige weiblich-mütterliche Schöpfungskraft und vergewaltigt das Leben durch Unterdrückung, Ausbeutung, Mißhandlung und Zerstörung von Frauen, Kindern, sanften oder schwachen Männern, Tieren, Pflanzen und unserer Mitwelt (Lebensnetz).
Herrschaft kann nicht bekämpft, nur gemeinsam beendet werden. Wenige tausend Jahre Herrschaftsgewalt haben Menschen, Tieren und Pflanzen sehr viel Leid zugefügt sowie riesige Gebiete der Erde verwüstet. Noch immer leidet die Menschheit auf der Erde unter Herrschaft und Zerstörung. Und jeden Augenblick findet Gewalt statt: gegen Frauen, gegen Kinder, gegen Männer, gegen Tiere, gegen Pflanzen, gegen unsere Mitwelt. Folgen davon sind Angst und Leid, Hunger und Armut, Elend und Not – Krieg in allen Bereichen des Lebens.
Grundsätzlich leben weltweit die meisten Männer auf Kosten von Frauen und Kindern und alle Reichen und Wohlhabenden auf Kosten der Ausgebeuteten und Armen.

Frauen leisten 2/3 aller Arbeit, doch bekommen nur 1/10 des Welteinkommens und besitzen weniger als 1% des Weltreichtums.
Die reichen 20% der Menschheit verbrauchen 80% der Gaben der Erde, während 80% der Menschheit notdürftig überleben und an den Folgen dieser Ungerechtigkeit auch sterben. Alle, die in verhältnismäßiger Sicherheit und Wohlstand leben, verbrauchen unrechtmäßig den Anteil der Armen an den Gaben der Erde.
Herrschaft zerstört das Netz des Lebens und mißachtet die Heiligkeit der gesamten Schöpfung: die heilige Weisheit und Schöpfungskraft der Frauen, die heilige Kraft männlichen Schutzes und männlicher Hingabe, die heilige Lebenskraft der Tiere und Pflanzen, die heilige Seinskraft von Erde, Wasser, Luft und Feuer, die heilige Kraft des All-Eins-Seins, der All-Mutter selbst.
Wir alle sind unauflöslich miteinander im Lebensnetz verbunden. Jede selbstsüchtige, gleichgültige und lieblose Haltung und Handlung vergrößert die Zerstörung, die uns alle gefährdet. Die Menschheit leidet unter der erzwungenen Mißachtung heiliger mütterlicher Kraft als Quelle allen Lebens. Familien und Völker, die aus der Weisheit und Kraft der Mütter leben, gedeihen fried- und freudvoll.

Herrschaft hat das Leben auf der Erde auf das Schwerste gestört. Gewaltverbrecher werden verehrt, man setzt ihnen Denkmäler, läßt sie anbeten oder spricht sie sogar „heilig“. Die Opfer werden verunglimpft, für verrückt erklärt, mundtot gemacht, weggesperrt oder getötet. Die Schöpfung beherrschen zu wollen bedeutet, Lebenskraft zu mißbrauchen und das wirkliche Leben zu verfehlen. Abwertung, Mißhandlung und Zerstörung von Lebenskraft verletzen schon auf der Ebene der Absicht und lassen die Menschlichkeit zunehmend verkümmern. Verbrechen gegen das Leben sind Verbrechen gegen die natür-

liche, die allen Wesen eingeborene Ordnung der Ewigen Mutter. Wer die Mutter mißachtet, mißachtet das Leben an sich – auch in sich selbst.
Die Wunden der Frauen durch Herrschaft sind Folge der ihnen aufgezwungenen Unterdrückung ihrer ureigenen Lebens-, Gestaltungs- und Schöpfungsvollmacht.
Die Wunden der meisten Männer wurzeln in ihrer Angst vor wirklicher Liebe und wahrhaftiger Hingabe. Sie äußern sich in den verschiedensten Formen der Unterdrückung des Lebens bis hin zur Lebenszerstörung. Alles was unter Herrschaft durch Mißbrauch und Zerstörung von Lebenskraft hergestellt wurde, trägt in sich den Keim der Zerstörung und wird selbst zerstört werden.
Auch die dem so genannten Fortschritt innewohnende Hast und Eile trennen uns vom langsamer schwingenden Zeitmaß der Natur, von unserer Mitwelt und zerstören unser eigenes heiliges Regelmaß.
Das Unglück all unserer Leben ist das Getrenntsein. Die durch Herrschaft aufgezwungenen Trennungen behindern den Lebensfluß auf das Schwerste. Die ursprüngliche Leichtigkeit und die Freude des Lebens gehen verloren. Einsamkeit und erzwungenes Alleinsein prägen das Leben unter Herrschaft. Das Bewußtsein der alles befruchtenden Vielfalt der Schöpfung ist den meisten Menschen verlorengegangen. Das All-Eins-Sein ist das höchste menschliche Bewußtsein der Verwandtschaft aller Wesen als Kinder der Ewigen Mutter allen Seins. Die Mißachtung mütterlicher Kraft durch Herrschaft mißachtet auch die allmütterliche Schöpfungsvollmacht. Elend und Not in allen Bereichen des Seins sind die unausweichlichen Folgen. Wer die Mutter mißachtet, mißachtet das Leben selbst und muß zwangsläufig zugrundegehen.

Nahrung

Den meisten der Menschen, die im Überfluß leben (20% der Menschheit), zu denen auch die meisten Menschen in Deutschland gehören, ist das Bewußtsein der Heiligkeit ursprünglicher Nahrung und ihrer grundlegenden Bedeutung für das Leben verlorengegangen.
Fast food („Schnell Essen“), Delikat-Essen („Köstlich Essen“) und Kalorien-Angst sind verbreiteter als ein in Liebe und Dankbarkeit miteinander geteiltes Mahl.
Es ist uns unangenehm, lästig und ängstigend wahrzunehmen, daß unser Überfluß die unmittelbare Ursache von Armut, Not, Hunger, Elend und Leid der großen Mehrheit (80%) der Menschheit ist.
Das bedeutet: Von fünf Menschen, die ein Mahl einnehmen, schwelgt einer im Überfluß, drei werden notdürftig satt und einer (ver)hungert – was uns ganz offensichtlich nicht stört, weil wir nicht zu den Letzteren gehören. Dies zeigt deutlich, daß durch herrschaftlichen Wohlstand der Sinn für Gerechtigkeit Schaden nimmt.
Herrschaft verwehrt nicht nur den rechtmäßigen Zugang zu lebendiger, heiliger Nahrung, sondern beeinträchtigt sie auch auf das Schwerste durch chemisch-technische Eingriffe bei ihrer Herstellung und Verarbeitung.
Durch Kolonialismus zerstörte Herrschaft in den dadurch verarmten Entwicklungsländern vorsätzlich deren selbstversorgende Landwirtschaft, um auf mitunter fruchtbarsten Böden Luxusgüter (Kakao, Kaffee, Tee, Nüsse, Baumwolle, Zuckerrohr u.v.a.m.) für die Reichen der Welt anbauen zu lassen und damit Abhängigkeit herzustellen. Nahrung wird von Herrschaft gezielt als Mittel der Unterdrückung benutzt und Hunger wissentlich als Waffe eingesetzt.
Der hohe Fleischverzehr der Bevölkerung der reichen Länder bewirkt einen weiteren unrechtmäßigen Verbrauch der vorhan-

denen Nahrungsmittel. Unser Überfluß, unsere Maßlosigkeit und unsere Achtlosigkeit und Mangel an Mitgefühl tragen dazu bei, daß die von Herrschaft verursachte Not 80% aller Menschen betrifft und noch immer weiter zunimmt. Die Kriege um Wasser haben schon vor vielen Jahren begonnen.

Heimat

Heimat ist ein grundlegendes Lebensrecht, das jedem Mensch und jedem Lebewesen zusteht. Heimat umschließt für uns Menschen eine menschliche Gemeinschaft mit einem den Lebensbedingungen entsprechendem Obdach/Heim, eingebunden in die umgebende Landschaft mit den von ihr beherbergten Wesen.
Alle, die heute Essen, Kleidung, ein Heim und etwas Geld besitzen, gehören damit schon zu den 20% der wohlhabenden Menschen und sind somit auch verantwortlich, ihren unrechtmäßig benachteiligten Schwestern und Brüdern (80% der Menschheit) zu einem menschenwürdigen Leben zu verhelfen.

Die Lebensnotwendigkeit von Gemeinschaft

Herrschaft beruht auf Trennung, Gewalt und Zerstörung und zeigt sich durch Ehrgeiz und Wettstreit, Selbstbezogenheit, Selbstsucht, Gier sowie Hemmungs- und Rücksichtslosigkeit in allen Bereichen des Lebens. Nach Jahrtausenden der Herrschaft sind die meisten Menschen ängstlich, mißtrauisch, hoffnungslos, entmutigt und niedergeschlagen.
Wo Untertänigkeit und Gefügigkeit verlangt werden, bleibt kaum Raum für Wahrheit, Liebe, Schöpfungskraft, Hingabe und Lebensfreude.
Wir wollten niemals alleine sein, doch in der heutigen Zeit sind

wir alleine. Wir sind voneinander getrennt und entfernter als jemals zuvor. Das ist die grundsätzliche Geteiltheit unseres gesamten Seins.
In krankhafter Eile bewegen wir uns in eine noch tiefere Einsamkeit hinein. In Äußerlichkeiten versuchen wir Halt zu finden, statt in uns selbst und ineinander. Dinge scheinen wertvoller als wirkliches Leben, Besitz wichtiger als Liebe, Haben bedeutender als Sein. So werden Lebewesen acht- und lieblos behandelt und seelenlose Maschinen verehrt und begehrt. Herrschaft treibt die Menschheit gewaltsam immer weiter in die Zerstörung hinein.
Wir dienen dem sogenannten Fortschritt, ohne auch nur wahrnehmen zu wollen, was wir dadurch unwiderruflich an Lebendigkeit zerstören und verlieren. Wir überleben in Furcht und Angst, Lügen und Mißtrauen, statt in Liebe, Wahrheit und Hingabe miteinander zu leben.
Worte und Taten stimmen nur noch selten überein. Wir fürchten uns, die eigene Wahrheit zu offenbaren und mit Hingabe und Freude zum Wohle des Ganzen zu leben.
Die Quelle wahrer Zufriedenheit und wirklichen Wohlbefindens, die lebendige Kraft der Mütterlichkcit in uns, haben wir vergessen.
Diese andauernde Zeit der Gewalt und der Zerstörung zerreißt unsere Herzen und bedroht das Leben der Menschheit. Doch noch immer tragen wir die wesentlichen Kräfte unseres Menschseins in uns: unsere Liebe, die heilige Wahrheit unserer Seelen und unsere Mütterlichkeit/Menschlichkeit, unsere Sehnsucht nach wahrhaftigem und sinnvollem Leben in wirklicher Gemeinschaft – und verraten sie in dieser Zeit der Trennung immer wieder, aus Bequemlichkeit und aus Angst.
Unter Herrschaft wird das Selbst durch die Trennung von der Seele krank, was sich in Selbstbezogenheit, Selbst-Sucht, Selbst(Wert)Störungen oder Selbstzerstörung ausdrückt und das Verbundensein aller Wesen auf das Schwerste einschränkt.

Herrschaft erschwert und verhindert Selbstkenntnis durch Entfremdung von natürlichen Zusammenhängen, durch Trennung natürlicher Verbindungen, durch Unterdrückung und Gewalt in allen Lebensbereichen. Dies verursacht Selbstunsicherheit, Angst und Abhängigkeit, und stärkt dadurch die Herrschaft, denn unsichere, ängstliche und abhängige Menschen wagen keine Veränderungen zu bewirken.
Sich selbst nicht zu kennen bedeutet in Selbsttäuschung zu leben und verhindert wahrhaftige Beziehung. Die uns anvertrauten, einzigartigen Gaben können dann nicht zum Wohle des Ganzen genutzt werden. Unser Leben ist dann nur Überleben, verliert den heiligen Lebenssinn und dient letztendlich der Zerstörung.

Muttergemeinschaften

Nur noch ein kleiner Teil der Menschheit (30-60 Millionen, das entspricht 0,5-1% der Weltbevölkerung) in meist abgelegenen Gegenden der Erde lebt noch in lebendiger Muttergemeinschaft.
Beispiele sind die 4 Millionen Menschen der Minangkabau in Sumatra, die Mosou in China, die Toda, Adivasi, die Ainu, der Stamm der Kuna, Warao, Huaorani, die Hopi, die Mohawk, die Goajiro-Arawak in Amerika, die Menschen von Juchitan in Mexiko, die Khasi in Indien, die San, die Hadza, die Mbuti, die Bempa, die Luapula, die Ahaggar-Tuareg und die Frauen von Zimbabwe in Afrika.
In der Zeit der Muttergemeinschaften wurden die Gaben der Erde gemeinsam zum Wohle aller gehegt und gepflegt, genutzt und geehrt. Die Erde und ihre ober- und unterirdischen Schätze wurden von jenen gehört, die sich mit ihrer Lebenskraft mit ihnen verbanden, immer zum Wohle allen Seins. Gerechter und sinnvoller Austausch von Kräften mit allen Wesen gehörte zur

Grundlage des Lebens. Menschen achteten und ehrten die Pflanzen und Tiere als ihre Geschwister und Kinder der Erdmutter und wußten, daß sie nur dank ihrer Gaben zu leben vermochten.
Über Hunderttausende von Jahren gewährleisteten mütterliche Gemeinschaften in allen Völkern das friedliche Miteinander aller Menschen und Lebewesen. Im Verlauf der ungefähr 6.000 Jahre Herrschaft auf der Erde wurden die meisten Muttergesellschaften und die um die Mütter gewachsenen Großfamilien und Sippen mit verschiedensten Mitteln von Gewalt zerstört und in vereinzelte, kleinste, meist von einem Mann abhängige Familien zerteilt.
Alles Lebendige wurde nach und nach zum seelenlosen Gegenstand erklärt, gewaltsam unterdrückt, ausgebeutet und zerstört und vernichtet: Frauen, Kinder, sanfte Männer, Tiere, Pflanzen und unsere Mitwelt. Die Erdmutter selbst mit all ihren Geschöpfen wurde durch Herrschaft rücksichtslos ausgebeutet, mißbraucht und vergewaltigt, wie auch viele Frauen und Mütter.
Die Erde, die Heimat der Menschheit, wurde immer mehr verwüstet und zerstört. Getrennt-Sein, Selbst-Sucht und Gier führen zu Ausbeutung, Unterdrückung, Gewalt und Krieg in allen Bereichen menschlichen Lebens.

Selbstbewußtsein und Selbstbestimmung

Herrschaft unterdrückt grundsätzlich die freie Selbstentwicklung und Selbstentfaltung aller Wesen, ihre Einzigartigkeit und ihr Verbundensein. Ziel der Unterdrückung ist Benutzbarkeit und Ausbeutung. Die erzwungene Gleichschaltung und Einförmigkeit zur besseren Beherrschbarkeit verletzt die heilige Lebenskraft aller Wesen und damit auch das Netz des Lebens. So genannte Sach- und Fachkunde trennt miteinander Verbun-

denes, was die Wirklichkeit aller Bereiche unseres Lebens beeinträchtigt.
Herrschaft bedroht und behindert Selbstverantwortung und Selbstverwirklichung mit hemmungsloser Gewalt in allen Lebensbereichen. Selbstverantwortlich zu leben und den eigenen Lebenssinn zum Wohle aller zu verwirklichen, ist unter Herrschaft sehr herausfordernd. Doch die uns anvertraute heilige Wahrheit nicht zu verwirklichen bedeutet, das eigene Leben zu verfehlen.
Herrschaft vergeudet und entfremdet die uns anvertraute heilige Lebenskraft. Es ist das Kennzeichen der Herrschaft, die weiblich-mütterliche Weisheit geringzuschätzen und zu mißachten und ausschließlich einer herrschaftlich-männlichen Weltsicht zu folgen.
Darüber hinaus wird durch die erzwungene Trennung von Leib und Seele, Gefühl und Verstand auch die ganzheitliche Weisheit des Lebens und die Weisheit des Alters, das die heilige Frucht der Seele trägt, nicht gewürdigt und bleibt ungenutzt.
Die verbindende Kraft der ebenbürtigen Zusammenkunft von Menschen in heiligen Kreisen, deren Weisheit zum Wohle des Ganzen wirkt, wird durch Herrschaft behindert und zerstört. Zerteile und herrsche.
Diese weitreichende und tiefgreifende Zerstörung durch Herrschaft beraubt die betroffenen Menschen ihres gemeinschaftlichen Lebens und der Möglichkeiten selbstbestimmter Lebensgestaltung. Herrschaftliche Ausbildung dient lediglich dem Gewinnstreben der Herrschenden.
Angst vor Gewalt und Tod macht Menschen beherrschbar und benutzbar, läßt sie ihrer heiligen Wahrheit untreu werden und stört das All-Verbunden-Sein.
Mißhandlungen haben die Verbundenheit der Frauen, und damit der gesamten Menschheit, zum Netz des Lebens verletzt und beeinträchtigt. Doch was wir einem anderen Wesen antun, fügen wir uns selbst zu, denn alles ist miteinander verbunden.

Laßt uns nicht im Zorn zurückblicken, noch voller Angst vorausblicken, sondern ganz bewußt jeden Augenblick miteinander in Hingabe leben. Der Schmerz wird aufhören und wir werden die Wunden heilen, wenn wir miteinander wahrhaftig und liebevoll leben und das All-Verbunden-Sein aller Wesen wieder ehren.

4. Heilende Wege
Weissagungen

In der Vorahnung der Zeit, wenn die Schlange in den Wassern auftaucht, die nur von der Mond(in) bewegt werden. Eine Zeit der Veränderung ist eingeleitet worden. Mutter Erde wandelt sich und wird leben.
(Ojibwae)

Die vierte Welt, in der wir jetzt leben, wird durch eine Polveränderung oder Polumkehr, wenn nötig gereinigt werden. Die Absicht der Polveränderung ist es, die vierte Welt als Wende zu kennzeichnen, die zur Vollendung führt. Wenn es genug Menschen gibt, die wieder im Einklang mit der gesamten Erdfamilie leben, kann eine Polveränderung vermieden werden.
Am Ende der vierten Welt werden viele Sternenwesen des Menschenstammes die Erde verlassen, wenn sich das große Medizinrad dreht, das die Wiedergeburt von Mutter Erde bewirkt.
Fünf wandernde Sterne, aus heiligem Feuer entstanden, werden am Ende der vierten Welt nahe der Himmelsbahn der Erdmutter vorbeiziehen. Dieses Volk der Schweifsterne wird neue Gedanken-Nahrung für die Erdfamilie und Mutter Erde bringen. Die Zweibeinigen werden die Wahrheit mit neuen Augen sehen. Dieser neue Weg des Verstehens wird die Verwirrung beenden, die das geistige Wachstum der Menschheit begrenzte.

Einer dieser fünf Schweifsterne wird das Ei unserer Erdmutter befruchten. Luft, Erde, Wasser und Feuer werden durch ein neues Heilmittel gereinigt werden, das die Schweifsterne mitbringen.
Die Pflanzenfamilien werden ihre Fruchtbarkeit vervielfachen und die jetzt unfruchtbaren Wüsten wieder beleben.
Das neue heilige Feuer der Schweifsterne wird Verstehen für alle Verwandten im heiligen Kreis bringen und die Himmelsvölker werden sich mit der Erde vermählen.
Wenn sich diese beiden Welten verbinden, wird die Heilkraft des tanzenden Regenbogens zu den Kindern der Erde gehören.
Alle schlechten Dinge, die Menschen auf oder in die Erde und in die Meere brachten, werden entfernt werden, so daß die Mutter wieder atmen kann.
(Seneca / Irokesen)

Wir hörten die Geschichten unserer Ahnen so lange, bis sie Teile unseres Leibes, Teile unserer selbst waren. Wir lauschten und erinnerten uns mit unserem gesamten Leib und so wurde dieses Wissen zu einem Teil von uns – jederzeit zugänglich.
Alle haben die Macht, ihre Vergangenheit und sich selbst in ihrem innersten Wesen neu zu verstehen. Die Vergangenheit ist der Boden der Gegenwart, in der wir heilen können. Wenn wir uns selbst heilen, dann heilen wir auch unsere Großeltern, unsere Eltern, unsere Kinder und unsere Enkelkinder. Wenn wir uns selbst heilen, dann heilen wir auch die Erde mit all ihren Geschöpfen und unsere Nachkommen.
Wenn es uns gelingt, unsere Vergangenheit zu bezeugen und loszulassen, werden wir bereit, die Gegenwart zu umarmen und die Geschenke des Lebens zu empfangen. Wir lernen im heiligen Augenblick zu leben und zu vergeben.
Gefühle, die wir in uns tragen statt sie auszudrücken und mitzuteilen, machen krank. Gefühle müssen ausgeatmet, nicht verborgen werden.

In Tibet wurde die Kunst des Heilens die „Weisheit des Nährens“ genannt. Grundlegend für jede Heilung ist das Gebet. Um zu heilen ist es notwendig, sich vom Schmerz zur Wunde führen zu lassen und sie zu bezeugen, damit sie in das Bewußtsein aufgenommen werden kann. Die Hände dabei auf den Unterleib zu legen und hinein zu atmen, unterstützt die Wahrnehmung und die Heilung schmerzvoller Gefühle.
Durch unser unauflösliches Verbundensein mit den Urstoffen können wir das Wasser genauso heilen, wie es uns zu heilen vermag. Unsere Gebete reinigen das Wasser – das Wasser reinigt uns. Das Wasser bringt uns in das Gleichgewicht des Fließens.
Menschen müssen wieder lernen, die Erde, die Feuer, die Wasser und die Luft in sich selbst wahrzunehmen, sie zu achten und zu nähren.
Wahrhaftige Gebete vermögen das Bewußtsein der Menschheit zu verändern, wenn wir uns mit allen Wesen im Herzen verbinden.
Alle Menschen haben eine eigene Aufgabe zu verwirklichen.
(Rat der 13 Großmütter)

Der Schutz des Lebens
Weissagungen

Sich selbst geringzuschätzen, ruft Geringschätzung hervor. Sich selbst nicht lieben zu können, bedeutet niemanden lieben zu können. Sich des eigenen Leibes zu schämen, bedeutet sich alles Lebendigen zu schämen, denn der Leib ist die heilige Wohnstadt der Seele als allmütterliche Kraft. Die den Leib schmutzig finden, sind verloren, denn wenn die durch die Geburt verliehenen Gaben nicht geehrt und geachtet werden, dann ist das Leben selbst mißachtet.
(Frauengeheimbund der Nuhchanultz)

Die heiligen Einweihungsbräuche des Mondblutes verbanden die Frauen für immer mit dem Geist des Weiblichen und öffneten ihnen den Zugang zu ihren Eingebungen und zu ihrer einzigartigen Weisheit. Die Bräuche nährten die Kraft der Frauen und sicherten gleichzeitig den Fortbestand des Stammes.
Frauen sonderten sich in ihrer heiligen Mondzeit ab, um die ihnen innewohnende Schöpfungsvollmacht zu verbinden und zu vervielfältigen und sie gemeinsam bewußt zum Wohle des Ganzen zu nutzen.
Diese starke Verbindung mit Himmel und Erde schenkte den Frauen einen tieferen Zugang zu der ihnen eingeborenen Weisheit, zu ihren Eingebungen und zur geistigen Kraft.
Kinder sind Geschenke der höchsten Kraft. Kinder sind rein von Geburt an – sie bedürfen des Lobes, der Unterstützung und der Großzügigkeit, um ihre ihnen anvertrauten heiligen Gaben zu entwickeln.
Die liebevolle Verbindung zwischen Alt und Jung bildet den Boden jeder lebendigen und reichen Kultur. Die Kinder lernen, alle Menschen des Stammes als ihre Verwandten, ihre Mütter, Großmütter, Großväter, Väter, Schwestern und Brüder wahrzunehmen. Kinder lernen die Verflochtenheit allen Lebens und die daraus entstehenden Freuden kennen. Sie lernen die Freude des Teilens und die heilige Ordnung des Lebens.
(Rat der 13 Großmütter)

Einsichten zum Schutz des Lebens

Herrschaft hat das Selbstbestimmungsrecht der meisten Menschen und Wesen mit Gewalt gebrochen. Nur ein kleiner Teil (0,1-1%) der Menschheit, der in mütterlichen Gemeinschaften lebt sowie noch wild lebende Tiere und Pflanzen konnten ihr freies selbstbestimmtes Leben weitestgehend bewahren. Doch zwangsläufig wurde auch ihr Leben durch die weltweite Ge-

walt und Zerstörung beeinträchtigt, da alles Sein unauflöslich miteinander verbunden ist.
Die Unterdrückung der Selbstbestimmung verletzt alle Ebenen des Seins: Leib und Lust, Geist und Verstand, Selbstbewußtsein und Gefühle sowie das Verbundensein mit der Seele.
Je zerstörerischer die Unterdrückung ist, um so größer ist das Ausmaß der Fremdbestimmung und um so schwerer ist es für die Betroffenen, das freie Bewußtsein ihrer selbst zu entwikkeln und zu bewahren.
Das Bewußtsein des Verletztseins der eigenen Selbstbestimmung ist schmerzlich und verlangt unnachgiebig und drängend danach, heil zu werden. Doch die Menschen, die gezwungen sind, in Gewalt, Unterdrückung und Armut zu überleben, vermögen die notwendigen Veränderungen nicht alleine zu bewirken. Diejenigen, die von Herrschaft zwar in ihrer Selbstbestimmung eingeschränkt sind, sich aber nicht in lebensbedrohlicher Not befinden, sind deshalb gerufen, die notwendigen Veränderungen zu beginnen. Untätigkeit in Barmherzigkeit ist Tätigkeit in Zerstörung. Leidenden nicht zu helfen, vergrößert das Leid. Wir sind alle verantwortlich, jeden Augenblick unseres Lebens mit wahrer Menschlichkeit, Würde und Freiheit zu handeln, und immer so, als sei dies die letzte uns mögliche Tat.
Um das Leben vor der völligen Zerstörung zu retten, müssen wir es wagen, uns selbst wieder zu öffnen und mitfühlend zu begreifen, wie es anderen Menschen und Wesen geht, da wir alle unauflösbar miteinander verbunden sind.
In dieser Zeit der Zerstörung, in der wir jetzt leben, gibt es nur eine einzige richtige Handlung: Laßt uns endlich wieder zusammenkommen in Wahrheit und in Liebe.
Um der Verantwortung für den Schutz der Heiligkeit allen Lebens wieder gerechtzuwerden, bedarf es der zum Wohle allen Seins verbundenen Kraft der gesamten Menschengemeinschaft.
Es ist an der Zeit zu begreifen, daß niemand Leben verletzen kann – es sei denn, wir lassen es zu!

Voraussetzung für das heilende Wirken gemeinschaftlicher Kraft ist zuallererst die aufrichtige Bereitwilligkeit von Frauen und Männern, das Ausmaß aller Wunden und allen Leides auf der Erde wahrzunehmen. Wenn wir miteinander in Liebe und Wahrheit leben, können alle Wunden heilen und wir verbinden uns wieder mit dem Netz des Lebens.
Menschen wurde der Schutz des Lebens anvertraut. Dies verlangt den Mut, unsere ureigene Wahrheit in liebevollem Verbundensein mit dem Lebensnetz zu leben: mit all unserer Kraft und wirklicher Hingabe in jedem Augenblick. Die uns anvertraute Lebenskraft verlangt die Heiligkeit des Lebens in jedem Augenblick zu schützen und zu bewahren. Laßt uns deshalb in dieser Zeit der Zerstörung so lange von der Gefährdung eines Lebewesens ausgehen, bis wir uns eindeutig vom Gegenteil überzeugen können.
Jedes Opfer bedarf des Schutzes und der Hilfe durch die Gemeinschaft sowie – falls möglich – der aufrichtigen Reue und Wiedergutmachung durch jene, die das Leid verursachten.
Durch Vergeben, das Freigeben der verletzenden Verbindungen und das Loslassen des Vergangenen, kann die darin noch gebundene Lebenskraft freigesetzt werden. Vergebung vermehrt die Liebe und den inneren Frieden und kann nur aus aufrichtigem Herzen gegeben werden. Erst wenn wir einander wahrhaftig vergeben, befreien wir uns von aller Gewalt. Vergebung entbindet jene, die verletzt haben, weder von ihrer Reue noch von ihrer Verantwortung für die Wiedergutmachung.
Von Wahrheit und Liebe getragene Aufklärung und Bewußtseinsentwicklung ist die notwendige Grundlage, um die Verantwortung für das Leben wieder gemeinsam wahrzunehmen.
Nichts ist jemals genug, wenn wir uns nicht in jedem Augenblick unseres Lebens wahrhaftig lieben und annehmen, in aller unserer Unfertigkeit und mit all unserer Vollkommenheit.
Ohne das Bewußtsein der Wahrheit und Kraft der eigenen See-

le im Selbst verhaftet zu bleiben, bedeutet nicht wirklich zu leben.
Man kann alle Menschen für einige Zeit in Abhängigkeit halten und einige Menschen für alle Zeit. Aber niemals kann man alle Menschen für alle Zeit in Abhängigkeit halten.
Wenn sich weise Frauen und Männer miteinander in heiligen Kreisen verbinden, dann ist ihre heilende Kraft ungleich größer als jegliche Gewalt und Zerstörung. Und wenn alle die Menschen, die ihre Lebenskraft für die Bewahrung des Lebens einsetzen, sich zum Wohle des Ganzen in Liebe und Hingabe miteinander verbinden, dann vervielfältigt sich ihre gemeinsame Kraft und alle notwendigen Veränderungen können bewirkt werden.
Menschliche Würde und Lebenskraft offenbaren sich in der Übereinstimmung unseres Denkens und Handelns. Wir sind und werden, was wir denken, träumen, sagen und tun.
Gut und gerecht zu handeln ist der Boden wahrer Menschlichkeit. Laßt uns achtsam den Weg des Friedens gehen und liebevolle Taten säen, um ihre Früchte zu ernten und sie miteinander zu teilen.

Einsichten zur Nahrung

Nimm nichts für dich allein, denn was du für dich allein nimmst, vergrößert die Zerstörung. Teile und du wirst satt werden. Verbinde dich und du wirst alles bekommen, was du für dein Heilsein brauchst.
(Nuran Maram)

Gemeinschaftliche Nutzung und gerechte Verteilung der Gaben der Erde gewähren ausreichend Nahrung für alle. Es bedarf der Entwicklung unseres Bewußtseins und unserer Bereitwilligkeit, Gerechtigkeit aktiv mitzugestalten, damit die heilige-heilende

Nahrung wieder jedem Menschen und jedem Lebewesen in ausreichendem Maße zugänglich ist.
Wir, die wir zu den materiell Wohlhabenden der Erde gehören, sind Nutznießer und damit, wenn auch meist ungewollt, Mitwirkende der Herrschaft.
Deshalb müssen wir jetzt bereit sein, *alles* miteinander gerecht zu teilen, damit die Not und der Hunger all unserer Geschwister überall auf der Erde endlich gestillt werden kann.
Der Wohlstand der reichen Menschen und Länder entstand und entsteht noch immer durch Ausbeutung von Frauen und Kindern, Tieren, Pflanzen, der Mitwelt, armen Männern und armen Ländern.
Unsere gemeinsame Verantwortung ist es, den unrechtmäßigen angehäuften Reichtum miteinander gerecht zu teilen, um den Hunger in der Welt endlich zu stillen und zu heilen.
Wir brauchen den Mut, durch grundlegende Veränderungen die bestehende Not so vieler Menschen und Wesen gemeinsam zu wenden. Das schließt die Bereitschaft zum freiwilligen Verzicht auf Verschwendung sowie auf zerstörenden Luxus ein und verlangt von uns, eigennützigen Wohlstand zugunsten aller leidenden Menschen aufzugeben.
Wir sind von fast 1.000 Millionen hungernden Menschen aufgerufen, endlich unsere Menschlichkeit wahrhaftig zu beweisen und unserer Verantwortung für das Leben auf der Erde gerechtzuwerden. Vielleicht hilft uns die Vorstellung des eigenen Hungerns, um wirklich mitfühlend zu werden und zu verstehen, daß auch wir uns nach *sofortiger* Hilfe sehnen würden.
Und nur Pflanzen und Tiere, die selbst in ihrer heiligen Lebenskraft und Einzigartigkeit geachtet und geehrt werden, sind heilende-heilige Nahrung und wirkliches Lebensmittel.
Wenn alle Menschen wieder die Früchte ihres Lebens miteinander teilen, wird es keinen Mangel mehr geben. Gemeinsam werden wir wieder lernen, *einfach* zu leben, damit alle Wesen einfach *leben* können. Wir werden uns wieder darauf besinnen,

Herz und Seele zu achten statt Besitz und Macht. Wir werden wieder verstehen, daß wahrer Reichtum und wirkliche Fülle aus dem entstehen, was wir miteinander in Liebe zu teilen vermögen.
Wirkliches miteinander Teilen bedarf eines liebevollen Herzens. Wir werden die Freude des heiligen Schenkens wieder entdecken. Wir werden die heilende Kraft des Schenkens gemeinsam ehren und begreifen, daß im Fluß des Lebens alles, was wir von Herzen schenken, im Überfluß zu uns zurückkehrt.
Wir leben miteinander in Liebe und Hingabe, um gemeinsam die Heiligkeit des Lebens zu bewahren und das Lebensnetz zu nähren.

Heimat – Orte, die alle willkommen heißen

Wir danken für die Orte von Zuflucht und Geborgenheit.
Laßt uns solch Orte in uns selbst finden und in die Welt tragen.
Wir danken für die Orte von Schlichtheit und Schönheit.
Laßt uns diese Orte auch in uns selbst entdecken.
Wir danken für die Orte von Wahrheit und Freiheit, von Freude und Wiedergeburt – Orte, die alle Wesen willkommen heißen. Laßt sie uns vermehren in der Welt, in der wir leben.

Wir, die wir ein Zuhause haben, brauchen die aufrichtige Bereitschaft und die mitfühlende Offenheit, das Leid der Heimatlosen wahrzunehmen, um in uns ein Bewußtsein für die notwendigen Veränderungen zu entwickeln. Um diese Veränderungen zu bewirken, bedarf es unserer Bereitwilligkeit, wieder in liebevoller Wahrhaftigkeit miteinander zu leben und *alles* von Herzen zu teilen. Voraussetzung dafür ist gemeinschaftliches Leben, das die Kraft der Mütterlichkeit wieder als Lebensquelle und ursprüngliche Heimat ehrt. Dies schließt ein, auch alle anderen Lebewesen als Geschwister zu ehren und unsere Mitwelt zu behüten und zu bewahren. Wenn wir Mutter Erde als die Heimat einer vielfältigen Lebensgemeinschaft verstehen und in diesem Sinne leben, dann wird an jedem Ort für jeden Menschen eine Heimat sein.

Heilsein – für alle Wesen

Heilsein entsteht in lebendiger Gemeinschaft, in der alle Wesen geachtet und geehrt werden. Das Wiederherstellen des Heilseins für alle Geschöpfe der Erde bedarf der Liebe, der Wahrheit und der Gerechtigkeit. Dies verlangt von uns allen, das Leid im Leben anderer Menschen und Wesen bewußt wahrzunehmen und mit der uns eingeborenen Lebenskraft das Heilen zu unterstützen.
Unser Mut zum Verzicht, zum wahrhaftigen miteinander Teilen und die Bereitschaft, von Herzen zu vergeben, öffnen den Weg für alle jetzt notwendigen Veränderungen.
Das Heilen aller verletzten Beziehungen ist die Grundlage für liebevolle Gemeinschaft. Wenn sich Menschen selbst heilen, heilen sie damit auch das Netz des Lebens und unterstützen dadurch das Heilwerden aller. Das ist der Schlüssel zur Heilung.
Wir sind alle verantwortlich, uns selbst von den Folgen der Herrschaft zu befreien und in heiligen Kreisen zusammenzukommen. Dann können alle Wunden gemeinsam geheilt werden, so daß alle Menschen und alle Wesen bewußt miteinander in Wahrheit, Liebe, Hingabe und Einklang zu leben vermögen.
Die Heilung wurzelt im Bewußtsein des All-Eins-Seins, das alle notwendige Weisheit und Kraft in sich vereint.
Alle verletzten Beziehungen zwischen Menschen, Tieren, Pflanzen und unserer Mitwelt bedürfen der Heilung, damit wir wieder im nährenden Kraftfluß des All-Verbunden-Seins zu leben vermögen.

Liebe ist die mächtigste Heilkraft. Durch Einklang mit allen Wesen können wir wieder in Ganzheit miteinander leben.
Widme die Kraft deines Begehrens der Heilung aller Wunden und du wirst selbst im All-Eins-Sein geborgen sein.
Jede heilende Veränderung bedarf lebendiger Gemeinschaft, des All-Verbunden-Seins und des Einklangs mit der Kraft des Alls.
Durch gemeinschaftliches Trauern können wir loslassen und vergeben, so daß die im Schmerz gebundene Kraft für unser Heilwerden frei fließen kann. Wenn wir bereit sind, einander wahrhaftig und liebevoll zu begegnen, gewinnen wir einander wieder als Geschwister.
Es ist für die Menschheit lebensnotwendig, daß wir gemeinsam auf allen Ebenen unseres Seins, im Kleinen wie im Großen, gerechten und sinnvollen Ausgleich schaffen, um alle verletzten Beziehungen endlich zu heilen: zwischen Frauen und Männern, Armen und Reichen, den verschiedenen Völkern und Kulturen auf der Erde sowie zwischen Menschen und allen Lebewesen und der Erdmutter selbst.

Wir sind alle gerufen, uns dem Leid der Welt in Mitgefühl und liebevoller Hingabe zu öffnen, denn solange das Leid der Zerstörung die Welt umschlingt, kann es für niemanden wirkliche Glückseligkeit geben. Haß und Leid können nur durch Wahrheit und Liebe geheilt und gewandelt werden. Wir sind aufgefordert, unsere Herzen dem Schmerz zu öffnen, der uns zu den Wunden führt, um diese gemeinsam zu heilen. Dann werden wir wieder lernen, mit der uns anvertrauten Lebenskraft wahre Liebe und vollkommene Schönheit zu offenbaren.

Die Kraft der Gemeinschaft

Menschliche Gemeinschaft, die auf Wahrheit und Liebe, Hingabe und Mut beruht, ist wirkliches Leben. Damit heilende Veränderung geschehen kann, müssen wir beginnen, gemeinsam lebendige Gemeinschaft zu gestalten, in der alle Menschen gesehen, gefühlt, geachtet, bezeugt und geliebt werden. In wirklicher Gemeinschaft sind Leib und Seele geschützt und die einzigartigen Gaben eines jeden Menschen liebevoll gewürdigt. Der einzige Weg einander wieder zu finden und uns miteinander zu verbinden, besteht darin, daß wir einander aufrichtig mitteilen, was uns tief im Herzen bewegt. Dann werden wir wieder lebendig: wir teilen miteinander, was wir wahrnehmen, wir fühlen und hören einander mit dem Herzen. Wirkliches Zuhören verbindet und vermag Vertrauen zu schaffen. Herzberührende Gespräche brauchen Zeit, um zusammenzusein und unsere Ängste, Wünsche, Freuden, Sorgen, Leiden, Einsichten, Sehnsüchte und Träume miteinander zu teilen.
Wenn wir unsere Lebenszeit endlich wieder nutzen, um zusammenzukommen, dann vermögen wir gemeinsam mit unserer verbundenen Kraft alle notwendigen Veränderungen zu bewirken.
Wir müssen es wagen, auch mit jenen zu sprechen, die wir als Feinde bezeichnen. Angst hält uns voneinander fern. Wenn wir uns darauf einlassen, einander vom Herzen zu kennen und nicht mehr zu fürchten, dann kann auch mit ihnen Gemeinschaft entstehen. Wenn wir uns der Herausforderung stellen, voneinander zu lernen, dann werden wir miteinander wachsen.
Veränderung beginnt immer mit einer vorübergehenden Verwirrung durch das Auflösen des Bestehenden, wodurch dann das Notwendige für die Zukunft geboren wird. Überholte Auffassungen und Verhaltensweisen bedürfen der Wandlung, damit Raum entsteht für das Neue, das in der Tiefe des Schoßes wächst.

Einfälle und Findungen entspringen wundervoll dem Zustand des Noch-nicht-Wissens. Besinnen wir uns endlich: Leben ist in jedem Augenblick eine heilige Handlung. Die Zeit des Träumens ist vorüber, die Zeit des Verwirklichens und des miteinander Verbindens hat begonnen. Was uns herausfordert, gibt uns immer auch die Möglichkeit zu wachsen.
Grundlage jeder wahren Gemeinschaft ist die allmütterliche Ordnung, die den Schutz der Heiligkeit allen Lebens gewährleistet. Also laßt uns miteinander das Mögliche tun und das Notwendige bewirken, damit lebendige Gemeinschaft wieder für alle entsteht. Und laßt uns immer wieder unsere Herzen fragen, was wirklich wahr und wichtig ist. Wenn wir es wagen, einander wieder mit offenem Herzen zu begegnen, dann werden aus Fremden Vertraute und wir nähren einander durch unsere Verschiedenheit und Einzigartigkeit.
Offenheit und Mut für Veränderungen sind ebenso wichtig wie Gewißheiten. Ladet jeden Menschen ein, gemeinsam die notwendigen Veränderungen zu bewirken. Würdigt die besondere Gabe eines jeden Menschen, denn alle nähren das Lebensnetz und sind heiliger Ausdruck der höchsten Kraft. Sinnvolle und fruchtbare Lösungen entstehen aus liebevollen Verbindungen. Grundlegende Veränderungen können nur gemeinsam bewirkt werden.
Laßt uns miteinander wahre Güte leben. Laßt uns zusammenhalten. Wenn wir miteinander wahrhaftige Liebe leben, dann werden wir glücklich sein. So einfach und so schwierig ist es. Es gibt keinen anderen Weg.
Heben und erweitern wir unser Bewußtsein, um gemeinsam das Künftige zu gestalten als notwendige Wiedergeburt der heilig-heilenden allmütterlichen Ordnung.
Damit das Lebensrecht auf Freisein für alle Wesen gewahrt wird, bedarf es des Schutzes der Heiligkeit des Lebens, allmütterlicher Liebe und Fürsorge sowie lebendiger Gemeinschaft, in der alle Wesen in ihrer Einzigartigkeit geachtet und geehrt

werden. Lebendige Gemeinschaft, die bewußt aus allmütterlicher Kraft lebt, ist die Voraussetzung für die Einweihung und Ausbildung in heiligen Kreisen. Es sind die heiligen Kreise, die in den Zeiten von Zerstörung den Keim lebendiger Gemeinschaft bewahren und nähren. Und so sind wir alle aufgerufen, endlich wieder in Kreisen zusammenzukommen, uns miteinander zu verbinden, um gemeinsam die Wunden zu heilen und lebendige Gemeinschaft zu gestalten zum Wohle des Ganzen.
Nur mit der Kraft unserer offenen Herzen vermögen wir so zu leben, daß es dem Ganzen nützt.
Wir wissen, daß heilige Kraft in Liebe und Wahrheit wurzelt. Gemeinsam verwirklichen wir Gerechtigkeit auf der Erde und teilen alle Gaben miteinander in Liebe. Wir danken der Fülle und der Schönheit des Lebens.

Anregungen zur Gestaltung lebendiger Gemeinschaft:

- einander offen und wahrhaftig begegnen
- sich miteinander achtsam und liebevoll verständigen
- achtsamer und ehrender Umgang mit allen Wesen
- gemeinsam Lösungen finden und sie zum Wohle aller verwirklichen
- naturnahe und naturverbundene Gemeinschaft leben
- gemeinsames Heilen aller Wunden: in uns selbst und in unseren Beziehungen zu anderen Menschen und Wesen
- gerechtes miteinander Teilen aller Gaben der Erde zum Wohle allen Seins
- Auflösen aller Formen der Herrschaft: in Gedanken, Worten und Taten jedes Menschen, im Zusammenleben mit allen Wesen, in der materiellen Welt (Städte mit Verwaltungs- und Forschungs- und Bildungseinrichtungen, Banken, Krankenhäusern, Verwahranstalten, Gefängnissen, Industrie- und Militäranlagen)

• sinnvolle und umsichtige, umwelt- und lebensachtende Beförderung von Menschen und Gütern
• Reisen für wahrhaftige Begegnung und wirklichen Austausch (statt Tourismus)
• gemeinschaftliche freudvolle Spiele aller (statt Wettkämpfe weniger)
• Kunst als heilender und bewußter Ausdruck der heiligen Wahrheit der eigenen Seele im All-Verbunden-Sein

Heilende Lebenshaltungen:

1. Liebe und lebe im Einklang mit dem Ganzen.
2. Nähre das Netz des Lebens, die heilige Gemeinschaft allen Seins.
3. Teile vom Herzen und ehre das heilige Sich-Hin-Schenken aller Wesen.
4. Schütze die Heiligkeit des Lebens mit all deiner Kraft in jedem Augenblick.
5. Fühle und folge deiner inneren Weisheit.
6. Heile und gestalte aus der Kraft der Veränderung. Vergib.
7. Lebe deine ureigene Wahrheit mit Mut und Hingabe zum Wohle allen Seins.
8. Wirke und wahre das Gleichgewicht des Lebens.
9. Vertraue dich dem Lebensfluß an und genieße die Schönheit allen Seins mit Freude und Dankbarkeit.
10. Erinnere dich an dein heiliges Muttererbe und feiere die Zauber der Wandlung und des Lebens.

Die letzte Geschichte

Und es kommt die Zeit, wenn alle Menschen der Erde ihre Gaben ans Feuer bringen und einander wieder ohne Furcht in die Augen sehen.
Wir kommen aus jeder Himmelsrichtung, von allen Teilen der Erde, in feierlichem Zug mit unseren einzigartigen Gaben.
Sieh uns das Feuer nähren!
Und der Kreis ist wieder vollständig und das heilige Wissen ist wieder vorhanden.
Fühlt die Wiedergeburt der Erde.
Hört die Erde singen von ihrer ureigenen Schönheit.
Ihre Stimme wird unsere Stimme – singt!
Und unser Tanz ist der Tanz der kreisenden Sterne und der sich ewig erneuernden Flamme.
So wie ihr Wirken unser Wirken geworden ist:
aus den Knochen die Asche
aus der Asche der Schmerz
aus dem Schmerz das Schwellen
aus dem Schwellen das Öffnen
aus dem Öffnen die Wehen
aus den Wehen die Geburt
aus der Geburt die heiligen Kreise,
– die Wiederkehr der mütterlichen Ordnung.
Dies ist die Geschichte, die wir miteinander teilen in der Nacht, wenn die Wehen schwer sind und zu lange andauern, wenn das Feuer nur noch verlöschende Glut zu sein scheint.
Wir sagen, wir erinnern uns an eine Zeit, in der wir frei waren.
Wir versichern uns, daß wir noch immer frei sind, es immer sein werden.
Und der Schmerz, den wir spüren, ist der Schmerz der Wehen.
Und die Schreie, die wir hören, sind die Schreie der Geburt.
So kommen wir an das Feuer, wo die Alten sitzen. Sie sind uralt, ihre Gesichter tragen Spinngewebe voller Falten. Ihre

Haut ist schwarz, braun, rot, gelb oder weiß. Ihre Augen sind Quellen der Weisheit. Sie sagen: Hört, dies ist die Nacht eurer Aufnahme in den heiligen Kreis des Lebens und es ist Zeit, eure Geschichte zu lernen. Heute Abend werdet ihr frei fliegen, in die Wildnis hinaus und nur die Kraft eures eigenen Geistes fürchten. Und niemand auf der Erde wird euch verletzen oder Hand an euch legen.
Doch es gab eine Zeit auf der Erde, in der die Heiligkeit des Lebens nicht geschützt war.
(Starhawk)

Laßt uns gemeinsam die notwendigen Veränderungen zum Wohle allen Seins zu bewirken, die heilige Kraft und Weisheit der Mütterlichkeit wieder entdecken und miteinander leben, die eigene heilige Kraft und ihre Bestimmung kennen und sie zum Wohle des Ganzen wirksam nutzen, die Freude heilenden Singens und Tanzen miteinander teilen, die Kraft des miteinander Teilens und des Schenkens als Urquelle allen Seins wieder wahrhaftig leben, gemeinsam die Spiele des Lebens zum Wohle allen Seins entwickeln und gestalten, die Botschaften der Kornkreise gemeinsam verstehen und die verbindende Kraft des Singens und Tanzens im Kreis wieder in unseren Alltag bringen.
Laßt uns gemeinsam unsere Kräfte miteinander verbinden und gemeinsam die Wege des Heilseins finden und leben.
Kommt zusammen, schließt euch zusammen, seid alle eins.
Kommt zusammen, um Liebe zu leben.
Kommt zusammen, um Leben zu lieben.
Kommt zusammen, schließt euch zusammen, seid alle eins.
Miteinander teilen – miteinander heilen,
gemeinsam Leben ehren, gemeinsam Liebe nähren.

Nachwort: Gemeinsam Heilung bewirken

Wir alle sind Kinder der Erde, Töchter und Söhne der Ewigen Mutter, Geschwister aller Wesen. Alles Leben ist ein Kreis, in dem alle Wesen ihren heiligen Platz innehaben. Die Menschheit braucht die heilende Kraft der Kreise in allen Lebensbereichen. Jeder Kreis ist wichtig. Im Kreis der Hingabe vereinen wir unsere Kräfte und finden in der Stille gemeinsam die Wege des Heilens. Je mehr Menschen in Liebe zusammen wirken, desto stärker ist die heilende Kraft.

Wenn wir wagen, einander mitzuteilen, was uns tief im Herzen bewegt und uns darauf einlassen, einander wahrhaftig zu begegnen, dann vermag wirkliche Gemeinschaft zu wachsen.

Laßt uns immer wieder unsere Herzen fragen, was wirklich wichtig ist. Wagt zu glauben, daß alle Menschen den Wunsch nach Wahrheit, Liebe, Frieden und Gerechtigkeit teilen.

Laßt uns wieder die wahren Werte menschlichen Seins leben und verstehen, daß liebevolles gemeinschaftliches Leben sinnvoller ist als zerstörender Wohlstand.

Wenn wir aufeinander zugehen, einander wahrhaftig begegnen und einander mit dem Herzen hören, dann werden aus Fremden Vertraute und wir bereichern einander durch unsere Unterschiedlichkeit. Dazu braucht es die Bereitschaft, miteinander Zeit zu verbringen, um einander zu hören und Sorgen, Freuden und Sehnsüchte miteinander zu teilen. Dann vermögen wir gemeinsam die Zerstörung zu wandeln und Gerechtigkeit für alle zu bewirken.

Wir sind alle verantwortlich, die Heiligkeit allen Lebens verläßlich zu schützen und zu bewahren. Wenn wir uns zum Wohle aller Wesen miteinander verbinden, dann bewirkt unsere verbundene Kraft alle notwendigen Veränderungen. Also laßt uns zusammenkommen und miteinander das uns Mögliche tun, um gemeinsam alle Not zu wenden.

Die Menschheit leidet unter der mangelnden Achtung heiliger

mütterlicher Kraft als Quelle allen Lebens. Familien und Völker, die aus mütterlicher Kraft und Weisheit leben, gedeihen fried- und freudvoll.
Unser heiliges Muttererbe birgt die Kraft wieder im Einklang miteinander zu leben.

Dank

Unser Dank gilt allen Menschen, die uns in verschiedenster Weise auf unserem Weg zur mütterlichen Kraft unterstützt und genährt haben, Wegbereiter/innen und Wegbegleiter/innen sowie allen Frauen und Männern, die ihre Lebenskraft für die Wiederauffindung allmütterlicher Weisheit eingesetzt haben.

Rakuna und Sabine Anomatey

Literatur

Rakuna & Anomatey,
Das Wieder-In-Kraft-Setzen der neun heiligen Lebensrechte

Geoff Stray,
Beyond 2012

Anne Cameron,
Die Töchter der Kupferfrau

Manuela Dunn Mascetti, Peter Lorie
Nostradamus für Frauen

Angesichts all der Veränderungen im All und auf der Erde ist es für uns Menschen höchste Zeit, uns wieder auf die Kraft und Weisheit der Mütterlichkeit zu besinnen, um endlich heil werden zu können und miteinander und mit unserer Mitwelt wieder in Einklang zu leben. Wir befinden uns in einer Zeit, in der die Verantwortung der Menschheit für das Leben eingefordert wird. Die Weisheit der Mütterlichkeit - ursprünglich in allen Völkern bewusst als Quelle des Lebens geachtet und geehrt - wurde in der Menschheit durch Herrschaft verdreht, entfremdet, geleugnet und letztlich weitgehend aus dem Bewusstsein gedrängt. Doch Frauen (und auch Männer) in allen Kulturen haben sie - zum Teil unter Hingabe ihres Lebens - über all die Jahrtausende für die Menschheit behütet, wieder gefunden, urinnert, gesammelt und bewahrt.

Nach nun mehr 13 Jahren des Suchens und Findens, des Empfangens und Miteinander-Teilens haben Rakuna und Anomatey die ihnen anvertrauten kostbaren Bruchstücke mütterlicher Weisheit zusammengefügt. Ihre Botschaft an uns ist, wieder miteinander bewusst aus der Kraft und Weisheit der Mütterlichkeit zu leben und immer wieder zu lieben ...

Aus dem Inhalt:

Allmütterliche Weisheit

- zur Heiligkeit des Lebens (Schöpfung, Allmutter, Frauenkraft)
- zu Liebe und Fürsorge (Nahrung, Heimat, Heilung)
- zur Kraft der Gemeinschaft
- des Mitgestaltens der Gemeinschaft
- der Kraft des Freiseins
- der Einweihung und Ausbildung
- des Mitverantwortens der Zukunft
- des All-Verbundenseins und des All-Eins-Seins

Rakuna & Anomatey

Immer wieder lieben

Die Kraft und die Weisheit der Mütterlichkeit
Für das Heilwerden der Menschen

Broschur, 208 Seiten
17 x 24 cm
erschienen im Arun-Verlag
ISBN 978-3-86663-030-7
€ 18,- / SFR 32,90

„Ich bin müde. Überraschend der Drang zu schreiben. Verblüfft sehe ich meine Hand Worte schreiben, die nicht aus meinem Bewusstsein kommen. Verwundert lese ich die dichten Wortgewebe ... Abends nach der Hofarbeit stelle ich mein Malzeug auf den Tisch. Nach einiger Zeit malt meine Hand das erste Zeichen. Jeden Abend eines. Über mehrere Wochen ... In mir ist der Satz: Teilt sie mit den Schwestern und bringt sie nach Hause!“

So entstanden die 46 WahrWorte und WahrZeichen. Auf den langen Jahren der Wanderschaft fanden sich dann auch die Fragmente mütterlichen Wissens (von moderner Naturwissenschaft bis zur Mythologie), die das intellektuelle Grundgerüst bilden und in der muttersprachlichen Diktion der Autorinnen verfasst sind.
Um die Arbeit in den Ritualkreisen zu erleichtern, wurden die Wahrworte und die Fakten des mütterlichen Wissens in eigene Bücher gebunden. Bücher und Karten sind somit ein ganzheitliches Instrument, auf emotionaler, divinatorischer als auch intellektueller Ebene altes matriarchales Wissen zu vermitteln.
Die 46 Wahrzeichen teilen sich in die 9 Gruppen:

- Die Allmutter
- Das Urpaar: Mutter und Tochter
- Die heiligen Schöpfungskräfte
- Die Urstoffe Erde – Feuer – Wasser – Luft
- Die heiligen Regeln der Schöpfung
- Die heiligen Kreise
- Die Kraftorte und die Krafttore im Leib
- Die Jahreskreis-Feste
- Wandersterne und Urmütter

Rakuna & Anomatey

WahrWorte und WahrZeichen mütterlicher Kraft

Set aus 2 Büchern: 96 S. (Hardcover) und 288 S. (Broschur)
17 x 24 cm, erschienen im Arun-Verlag
sowie Kartenset aus 47 runden Karten in edler Metalldose
ISBN 978-3-86663- 024-6, € 34,95 / SFR 58,80

Segen so tief wie die Seele

Gebete an die Ewige Mutter allen Seins

gesammelt und herausgegeben von

Rakuna und Anomatey

164 Seiten, kartoniert
mit zahlreichen sw-Fotografien
€ 19,50
ISBN 978-3-935937-70-2
Pomaska-Brand Verlag

In allen Völkern auf Mutter Erde wurde die ewige Mutter allen Seins über viele hunderttausend Jahre als Quelle allen Lebens geachtet, geehrt und angebetet. Diese Gebetssammlung offenbart das vielfältige Verbundensein mit der ewigen Mutter. Die Gebete sind Andacht, Hingabe und Offenbarung der Wahrheit des eigenen Herzens an die höchste Kraft, die Ewige Mutter, die alles beständig zeugt, belebt, gebiert, nährt und wandelt.

Jeder Mensch und jedes Wesen ist einzigartiger Ausdruck ihrer heiligen Kraft und selbst ein Gebet ihrer Schöpfung. In diesem Sinne wurden Bilder von Frauen und Bilder von Mutter Erde als „Bild-Gebete“ zu den „Wort-Gebeten“ hinzugefügt. Die Gesichter der Frauen und die Gesichter der Erde offenbaren die ihnen durch die Ewige Mutter allen Seins anvertraute Kraft, Weisheit und Schönheit.

Die Kraft des Gebetes an die Ewige Mutter allen Seins Bereitet im Herzen den Weg jeglicher Heilung.

Die Herausgeberinnen **Anomatey** und **Rakuna** bereisten über mehrere Jahre verschiedene Länder auf der Suche nach mütterlichem Heilwissen. Auf ihrer Reise durch Kanada, USA, Neuseeland und Australien sammelten sie auch Gebete der verschiedenen Völker und Kulturen an die Ewige Mutter allen Seins. Seit ihrer Rückkehr nach Deutschland im Jahre 2005 laden sie Menschen ein, miteinander in Kreisen zusammenzukommen und ihre einzigartige Weisheit als Ausdruck allmütterlicher Kraft wieder miteinander zu teilen. Sie vertrauen darauf, dass aus der Kraft der Kreise und der Kraft der Mütterlichkeit alle Wunden gemeinsam geheilt werden und lebendige Gemeinschaft überall auf Mutter Erde entsteht.

Im Verlag EDITION ESOTERICK sind außerdem erschienen:

- **Satans Hofnarr.**
Ein magisches Leben
von Oliver Fehn

- **Der Teufel in der Tasche.**
Ein Reisebegleiter in seine Welt
von Dominik Irtenkauf

- **Der Weg des Voodoo.**
Von den Grundlagen zur Praxis
von Papa Nemo

- **Tanz der Verwundeten Seelen.**
Eine kosmische Betrachtung von Co-Abhängigkeit und des menschlichen Dilemmas
von Robert Burney

- **Grundlagen der esoterischen Astrologie.**
Erkenntnis und Transformation innerer Muster
von Martina Döhring

- **Die Haut der Echsenfrau. Ein FUTUREPIG-Comic**
von Pavel Lujardo

- **Nihilistic Degenerator.**
Von Abschaum und Untermenschen
von Stiff Chainey

- **Giftherz. Roman**
von Stiff Chainey

- **Keine Angst vor HIV. Gib den Fakten eine Chance**
von Lars Peter Kronlob

- **SCHWARZ & MAGISCH.**
Magazin-Reihe für Magie und Okkultes Wissen
Ausgaben 1-5